Barbara Schott / Klaus Birker

Prüfungsstreß ade

NLP – Das Psycho-Power-Programm

Rowohlt

Originalausgabe
Veröffentlicht im Rowohlt Taschenbuch Verlag GmbH,
Reinbek bei Hamburg, Oktober 1994
Copyright/Konzeptidee © 1994 by Rowohlt Taschenbuch
Verlag GmbH, Reinbek bei Hamburg
Redaktion: Nelly Petermann
Grafik: Walter Werner
Umschlaggestaltung: Susanne Heeder
Satz: Sabon PostScript Linotype Library, QuarkXPress 3.2.
Gesamtherstellung: Clausen & Bosse, Leck
Printed in Germany
990-ISBN 3 499 19669 7

Inhalt

So funktioniert das Psycho-Power-Programm

Prüfungen ohne Streß

«Ich laufe wie im Traum herum, kann kaum noch etwas aufnehmen, Texte muß ich mindestens zweimal lesen, ehe ich sie verstehe. Die Angst, es diesmal nicht zu schaffen, sitzt mir im Nacken! Und durchschlafen kann ich schon lange nicht mehr.» Kommt Ihnen das bekannt vor? So wie Markus W. seinen Zustand vor einem Prüfungstermin beschreibt, geht es sicher so manchem von Ihnen. All das, was wir bei Prüfungen, Tests, Klausuren, Referaten, Vorträgen am nötigsten haben – Konzentration, Ruhe, Gelassenheit und den richtigen Antrieb –, das besitzen wir gerade dann am wenigsten.

Negativ empfundener Streß macht sich körperlich bemerkbar. Wir bekommen feuchte Hände, haben Schwindelgefühle, atmen schneller als sonst, uns ist kalt, und unser Denkvermögen scheint in solchen Zeiten total blockiert zu sein. Die Streßchemie unseres Körpers ist auch für unsere Mitmenschen sichtbar: Je mehr wir eine Situation oder einen Zustand als Bedrohung empfinden, desto starrer erscheinen unsere Augen, desto flacher und tonloser wirkt unsere Sprache. Dabei ginge es auch anders! Und das wissen wir – instinktiv! Jeder von uns kennt die Momente des Hochgefühls, wo wir alles schaffen, uns keine Aufgabe zu schwierig ist. Nur scheint uns das unmittelbar vor der Prüfung recht wenig zu nützen. Oder etwa doch?

Positiver oder negativer Streß

Streß – ob positiv oder negativ – bezeichnet die Art und Weise, wie wir uns körperlich, gefühlsmäßig und verhaltensmäßig auf neue Situationen einstellen. Negative Gefühle wie Angst vor dem Versagen belasten uns, unser Körper reagiert mit Abwehr, flüchtet sich in Symptome wie Unwohlsein. Kreativität, Humor und der Spaß am Leben sind wie weggeblasen. Dabei muß Streß nicht generell negativ sein. Im Gegenteil! Ein bestimmtes Maß an Streß hält uns wach, sorgt für den nötigen Adrenalinpegel, den wir brauchen, um uns überhaupt einer Anforderung zu stellen. Ganz ohne Anspannung würde unser Körper gar nicht fit genug sein, um in Prüfungssituationen schnell und richtig zu reagieren. Völlig neutral betrachtet ist Streß eine biochemische Reaktion unseres Körpers, die schon unsere Urahnen rettete, wenn Gefahr im Verzug war, wenn sie auf schnelle körperliche Aktionsbereitschaft angewiesen waren. Damals ging es darum, sein Leben durch Kampf oder Flucht zu retten.

Diese Reflexe sind noch wirksam, nur sind unsere heutigen Prüfungen nicht mehr existenzbedrohend. Für uns geht es um die Frage: Stellen wir uns der Prüfung mit größter geistiger Wachheit und Spaß an der Herausforderung, oder ziehen wir uns in unsere Angst zurück und blockieren uns innerlich durch unseren Prüfungsstreß?

Dieses Buch möchte Ihnen dabei helfen, sich innerlich auf bevorstehende Prüfungen vorzubereiten, sich positiv zu motivieren. Prüfungen werden nicht als Bedrohung, sondern vielmehr als Chance begriffen, die Sie ein ganzes Stück weiterbringt. Prüfungsstreß in Prüfungslust umzuwandeln – das soll gehen? Und wie das geht! Lesen Sie weiter!

Nur Opfer der Umstände?

 Ob es das Laufenlernen, das Bildermalen oder Burgenbauen ist – als Kinder sind wir gerade darauf erpicht, das prüfende Auge unserer Bezugspersonen einzuladen, uns zu bewundern. Wenn wir wieder mal etwas geschafft haben, einen kleinen Schritt weitergekommen sind, dann fordern wir die Anerkennung unserer Eltern geradezu. Hobbymaler, Urlaubsfotografen und manche Freizeitschriftsteller werden nicht müde, uns ihre «Werke» zur Begutachtung zu präsentieren. Man fühlt sich geschmeichelt, wenn man gelobt wird, denn man ist davon überzeugt, daß man etwas gut gemacht hat, oder hat einfach so viel Freude an seinem Hobby, daß die Freunde und Bekannten daran teilhaben sollen.

Und dann sind da die vielen anderen Bereiche, wo alles anders ist. Eine Stimme, die Fragen stellt, wird als äußerst unangenehm empfunden, man fühlt sich ihr nicht «gewachsen», das Herz flattert, die eigene Stimme versagt, man wird auf einmal ganz klein.

Was geht eigentlich in uns vor, wenn wir uns derart ins Bockshorn jagen lassen? Wenn uns schon ein Wort, im richtigen Zusammenhang bedeutungs-

10

schwer geäußert, total am Boden zerstören kann. PRÜFUNG – nichts scheint grausamer auf uns einzuhämmern als diese sieben Buchstaben.

Wenn man Prüflinge fragt, wie sie ihren negativen Streß abbauen, so sagen die meisten: «Den Streß bin ich sofort los, wenn ich die Prüfung bestanden habe!» In ihrer Wahrnehmung sind es also die Umstände, die ihre Gefühle bestimmen. Der Streßkreislauf scheint nur aus zwei Stufen zu bestehen: 1. Die Prüfung ist unabwendbar, und 2. Streßgefühle mit den bekannten körperlichen Folgen Gereiztheit, Angst, Müdigkeit, Kopf- und Magenbeschwerden treten sozusagen zwangsläufig ein, der Prüfling ist Opfer der Umstände.

Wenn Streß zwangsläufig solche Folgen in uns auslöste, müßte dann nicht jeder Prüfling unter negativem Prüfungsstreß leiden? Sehr unterschiedliche Reaktionen auf Prüfungen zeigen uns, daß genau das Gegenteil möglich ist. Es gibt regelrechte Prüfungstypen.

BWL-Student Dieter etwa, hatte schon im fünften Semester alle machbaren Prüfungen abgeschlossen und seine Diplomarbeit fertig. «Natürlich stehe ich bei Prüfungen auch unter Spannung, aber eigentlich bin ich viel mehr neugierig, ob ich richtig gelernt habe, ob ich gut genug vorbereitet bin, ob es diesmal wieder klappt! Schlecht geht es mir vor und während der Prüfung nicht. Für mich ist es mehr ein Kitzel, eine Herausforderung; denn ich muß etwas bringen und mich anstrengen, um meine guten Zensuren zu halten.»

Manche Spitzensportler leben nach dieser Devise. Sie lassen ihre Fähigkeiten regelmäßig durch kritische Wertungsrichter und anspruchsvolle Zuschauer überprüfen.

Wieso behalten *einige* von uns die Lust auf Prüfungen, die wir als Kind *alle* besitzen? Laufen, sprechen, schreiben lernen, kurz alle Lernfortschritte begeistern uns, solange wir Kinder sind. Hindernisse spornen uns an, und wir zeigen allen stolz unser Können. Die Umwelt bleibt auch im späteren Leben in ihren Anforderungen und Prüfungen gleich anspruchsvoll, nur unsere Einstellung ändert sich mit jeder negativen Prüfungserfahrung. Diese Erfahrungen und damit unsere ganz subjektive Einstellung zu Prüfungen lösen Streßgefühle aus.

Das Problem ist, daß Prüfungen im Laufe unserer Erziehung stark mit Angst und Beschämung verknüpft wurden. Eltern und Bezugspersonen überprüfen und vergleichen ständig unsere Leistungen – als Kleinkind, als Schüler, Azubi, Student – mit denen anderer. Ihre Reaktion ist das, was uns noch heute als Prüfungslust fördert oder als Prüfungsstreß blockiert.

Das zeigt die Geschichte von Melanies erstem Zahn. Die Mutter hatte den neuen Zahn morgens entdeckt und war mit einem Freudenschrei an den Familientisch gestürmt, wo ihr Mann Robert und ihre drei Söhne frühstückten. Jeder in der Familie und in der Bekanntschaft, alle Freunde wollten Melanies neues Zähnchen sehen. Man mußte nur auf ihr Kinn tippen, schon lächelte sie, und das Zähnchen war zu sehen. Der Mechanismus funktionierte vier Tage. Dann preßte sie die Lippen aufeinander, machte schmale Augen und schrie bei wiederholten Versuchen, ein Lächeln hervorzulocken. Die Überprüfung und Freude der Erwachsenen machte ihr keinen Spaß mehr, wurde für sie zur Bedrohung. Ziemlich wahrscheinlich ist, daß sie bei den nächsten Zähnen mit noch größerem Streß reagierte. Kein Wunder, daß Melanie weitere Zahninspektionen strikt verweigerte. Fraglich ist, ob sie später als Erwachsene gern zum Zahnarzt gehen wird, um dort überprüfen zu lassen, ob ihre Zähne gesund sind.

Die Lust an der Überprüfung der eigenen Fortschritte durch Personen, die es besser können, hört besonders schnell in einer Umgebung auf, in der Leistung und Perfektion selbstverständlich geworden sind und Versagen scheinbar unentschuldbar ist.

Hierfür ist die Kindheit von Markus typisch. Sein Vater, ein erfolgreicher Unternehmer, hatte wenig Zeit für seine Familie und erwartete von allen, daß sie reibungslos «funktionierten». Vor allem erwartete er Höchstleistungen von seinem ältesten Sohn Markus. Ständig fragte er ihn nach seinen Zensuren. Sie waren in seinen Augen nie gut genug, und er trieb Markus an, auch noch in jenen Fächern, in denen er nur «gut» war, sich auf «sehr gut» zu steigern.

Auch für sehr gute Leistungen gab es wenig Lob. Manchmal erntete Markus kein Lob, dafür gar abfällige Bemerkungen: «Das waren wohl besonders leichte Mathematikaufgaben in der Prüfung!»

Markus war schon sehr früh davon überzeugt, daß er nie die Ansprüche seines Vaters erfüllen könnte. Er glaubte, nicht besonders begabt zu sein. Vor jeder Klassenarbeit litt er physisch unter seiner Angst, schlecht abzuschneiden und die Zuneigung seines Vaters noch weiter zu verlieren. Echtes Lob kannte er nicht. Seine Mutter, die einen Ausgleich hätte schaffen können, hielt sich ganz aus der Schulerziehung raus. Markus selbst konnte seine Leistungen nicht realistisch einschätzen. Wenn ihn Lehrer und Ausbilder lobten, streßte ihn das sehr. Er hatte große Angst, bei der nächsten Arbeit zu versagen und auch diese Menschen zu enttäuschen.

Markus W. erinnert sich, daß der Prüfungsstreß bei ihm schon als Abc-Schütze anfing: «Wenn in der Grundschule die Diktathefte verteilt wurden, war ich total fertig, hatte Magenschmerzen und meinte, ich müßte mich übergeben!»

Prüfungen sind etwas Positives für die wenigen unter uns, die anscheinend von den Eltern und Bezugspersonen durch die gemeinsame Freude an den erreichten Lernfortschritten positiv auf Prüfungen eingestimmt wurden.

Welchen Sinn haben Prüfungen?

In einer Welt, in der Wissen außerordentlich schnell veraltet und immer wieder auf den neuesten Stand gebracht werden muß, sind Prüfungen die einzige Garantie, um festzustellen, ob das eigene Wissen und Können noch aktuell ist. Wie sollten wir sonst wissen, ob wir die an uns gestellten Anforderungen überhaupt erfüllen können? Wie soll unser Arbeitgeber, der uns zu einem Bewerbungsgespräch eingeladen hat, dies wissen, wenn wir uns dieser «Prüfung» nicht stellen würden, wie der Prüfer, der unsere Führerscheinprüfung abnimmt, oder der Professor, der bei den Examenskandidaten feststellt, ob sie genug wissen, um das Studium abzuschließen. Jeder neue Tag stellt uns vor irgendeine Prüfung, die wir meistens gar nicht als solche wahrnehmen. So ist auch der kritische Blick der Mutter auf das Outfit ihrer heranwachsenden Tochter eine solche Überprüfung oder die Reaktion des aufgebrachten Nachbarn auf unsere zu laute Abendunterhaltung, die seine Bettruhe stört. Manches erscheint uns berechtigt, und wir denken darüber nach, unser Verhalten möglicherweise zu ändern. Anderes erweckt unseren Widerwillen, wir wissen in-

stinktiv, daß wir ungerecht behandelt wurden und daß es sich vielleicht lohnt, dies wieder geradezurücken. Auch dazu haben wir die Chance – in einer neuen Prüfung ein ganz anderes «Bild» abzugeben.

«Ich bin selbst mein ärgster Kritiker. Prüfen kann ich mich auch allein. Dafür brauche ich niemand, der mich kontrolliert.» So wie der Lehrer Rolf W. denken viele, die unter negativem Prüfungsstreß leiden. Sein Ziel war es immer, möglichst allen Prüfungen aus dem Weg zu gehen und dafür lieber andere – nämlich seine Schüler – zu überprüfen, ob sie seinen Anforderungen gerecht werden. Daß er sich damit so manche Lebenschance verbaute, wurde ihm erst klar, als er sich selbst für eine bestimmte psychologische Ausbildung interessierte, die er mit einem Test abschließen mußte. Er fühlte sich hin- und hergerissen. Zum einen war da die Erinnerung an seinen alten Prüfungsstreß, zum anderen wollte er die Ausbildung natürlich auch abschließen, wo er sie nun einmal begonnen hatte und sie ihm Spaß machte.

Die eingebildete Unfähigkeit

Prüfungen sind für Rolf W. sehr bedrohlich, weil er Angst hat, sich zu blamieren, und meint, die Situation nicht mehr unter Kontrolle zu haben. Auf einmal ist ein anderer da, der ihn kontrolliert, und er selbst sitzt sozusagen «hilflos» auf der «Anklagebank». Da saß er nämlich auch früher als Schüler, als er nicht die Noten erzielte, die seine Eltern von ihm erwarteten. In der Familie galt sein älterer Bruder als begabt. Rolf hörte immer wieder, er sei nur mittelmäßig begabt und müsse eben mehr lernen und üben als der Bruder. Prüfungen erinnern Rolf sofort an die stundenlangen «Gewissenserforschungen»: Warum hatte er sich nicht so vorbereitet, daß er «null Fehler» machte? Es geschah öfter, daß seine Eltern mit ihm gemeinsam zu seinen Lehrern gingen und sich über die ungerechtfertigt schwierigen Fragen in Klassenarbeiten beschwerten, die ihr Sohn selbst bei bester Vorbereitung gar nicht beantworten konnte. Er wurde zum Gespött seiner Klassenkameraden und war heilfroh, als ihn endlich das Abitur von der elterlichen Aufsicht befreite. Die Versagensängste quälten ihn aber auch noch während seines Studiums. Inzwischen hatte er den Maßstab verinnerlicht, den seine Eltern an Leistung knüpften. Wenn er eine Prüfung nicht als Bester ablegte, glaubte er, sich nicht genug vorbereitet zu haben, und fürchtete, seine «Mittelmäßigkeit» werde nach außen sichtbar. Dieses Verbergen und Verstecken eingebildeter Unfähigkeit, die ein anderer entdecken könnte, ist der Nährboden für Prüfungsstreß.

Prüfungen müssen keine negativen Erfahrungen darstellen. Im Gegenteil: Wir brauchen Prüfungen und wir brauchen die Anforderungen, die andere an uns stellen, damit wir uns weiterentwickeln können, damit wir erstens die richtige Richtung wählen können und zweitens dann unseren Weg Schritt für Schritt vorwärtsgehen können. Ohne die Überprüfung unserer Fähigkeiten wüßten wir nicht, wo wir gerade ste-

Freiheitsfenster

Prüfung als positive Herausforderung

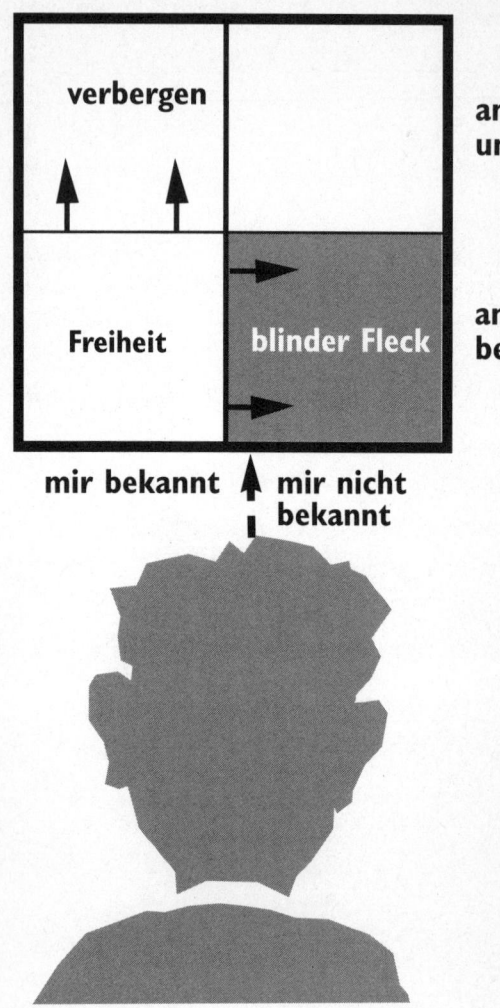

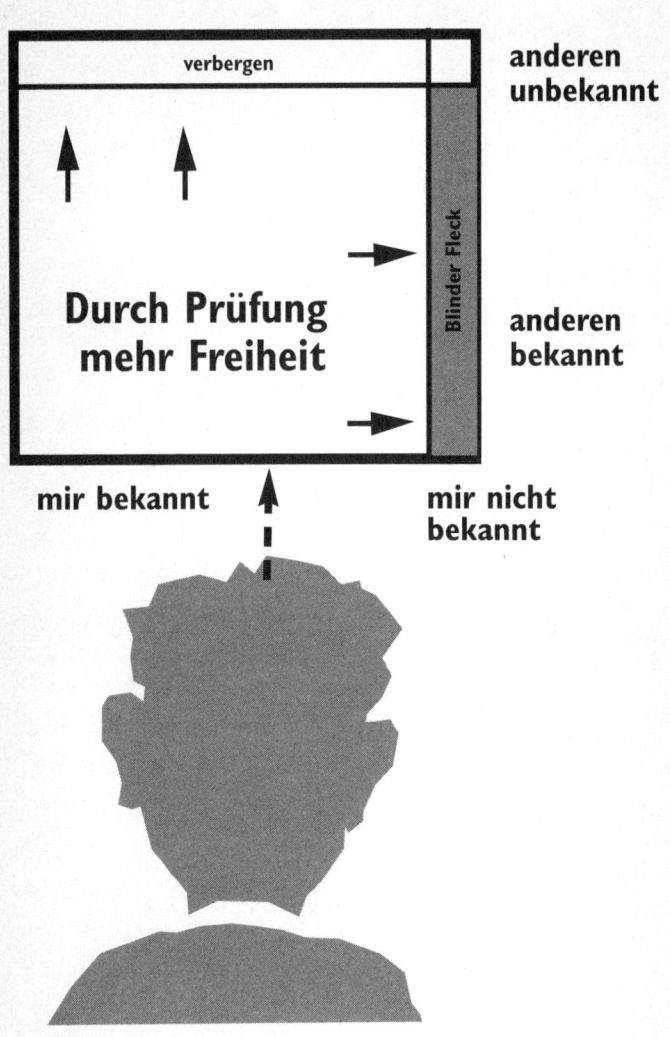

hen, und würden mehr oder weniger auf der Stelle treten. Die Grafik auf der vorherigen Seite macht deutlich, wie Prüfungen unsere persönliche Freiheit erweitern. Neben dem Bereich unserer persönlichen Wahrnehmung, der all unsere Erfahrungen und Handlungsmöglichkeiten, die uns selbst bekannt sind, umschließt, gibt es einen zusätzlichen Bereich, den «Blinden Fleck», der eigentlich zu unserer Gesamtwahrnehmung zählen könnte, wenn wir ihn uns nur erschließen könnten. Das Potential hierzu ist auf jeden Fall vorhanden: zum einen, indem wir bereit sind, neue Erfahrungen zu machen und nicht länger Situationen wie Prüfungen aus dem Weg gehen. Statt vermeintliche Wissenslücken zu verstecken, melden wir uns freiwillig zu Prüfungen. Die Unfreiheit, die durch Verbergen und Vermeiden entsteht, sinkt. Zum anderen können wir die Chance wahrnehmen, uns mit anderen Menschen zu konfrontieren, uns von anderen ein Feedback geben zu lassen – zum Beispiel in Form von Prüfungen. Wir sehen mit den Augen unserer Mitmenschen, erweitern unseren Blickwinkel, und das bringt uns unseren Mitmenschen näher, trägt zur Entfaltung unserer Persönlichkeit bei und erweitert unseren Entscheidungsspielraum.

Der Streß beginnt im Kopf

Sehr anschaulich für unser Verhalten unter negativem Streß ist folgendes Beispiel:

Anwohner, die in der Nähe von Einflugschneisen im Flughafengebiet leben, leiden häufig unter Schlafstörungen. Das ist verständlich, denkt jeder von uns. Einfliegende Flugzeuge stören den Schlaf durch Lärm. Zur Zeit der Berliner Blockade in den unmittelbaren Nachkriegsjahren, als der Fluglärm der sogenannten «Rosinenbomber» erheblich war, traten Schlafstörungen dann auf, wenn die US-Flugzeuge, die die Stadt mit Nahrung versorgten, wegen einer Schlechtwetterfront ausblieben. Nicht der Lärm streßte, sondern die Stille – denn sie war ein Signal dafür, daß die Nahrungspakete ausblieben und die Existenznot steigen würde. Das gleiche Ereignis bedeutet für Menschen mit der Einstellung «Störung» negativen Streß und für andere mit der Einstellung «Lebensrettung» eine Wohltat.

All die Erfahrungen und Erlebnisse, die unser Leben ausmachen, sind in unserem Gehirn und in unserem Körper gespeichert und bestimmen unsere Wahrnehmung der Außenwelt. Was wir mit unseren Augen sehen, sehen wir so und nicht anders, weil unsere inneren Erlebnisbilder uns diese Wahrnehmung vorschreiben. Und ganz genauso verhält es sich mit unseren übrigen Sinnen.

Unsere Warhnehmung unserer Umgebung ist viel komplexer, als wir gemeinhin annehmen. Mit unseren fünf Sinnen zeichnen wir wie mit geistigen Filmkameras all das auf, *was* wir wahrnehmen wollen und *wie* wir es wahrnehmen wollen. Bereiche der Realität, die wir nicht mit unseren Erfahrungen in Einklang bringen können, lassen wir nicht an uns heran, sondern blenden sie aus. Alles, was nicht mit unseren inneren Überzeugungen übereinstimmt, wird herausgefiltert. Alle Situationen, die uns begegnen, versuchen wir mit unserem abgespeicherten Film in Einklang zu bringen.

Wie gut unsere innere Vorstellungswelt funktioniert, läßt sich an folgenden Kommentaren von Schülern nach einer Abitur-Klausur ablesen:

«Das war kinderleicht!»

«Finde ich gar nicht, die Frage 3 war richtig gemein, das stand weder im Buch, noch hatten wir das durchgenommen ...!»

Was wir an Erfahrungen und Erinnerungen mit einer Prüfung verknüpfen, bestimmt unsere Stimmung und unser Urteil über den Verlauf. Das geschieht meist ganz automatisch und unbewußt. Roland war jemand, der nach Klassenarbeiten häufig schimpfte, es sei viel zu leicht gewesen. Bei seinen Vorbereitungen

Innere Filme

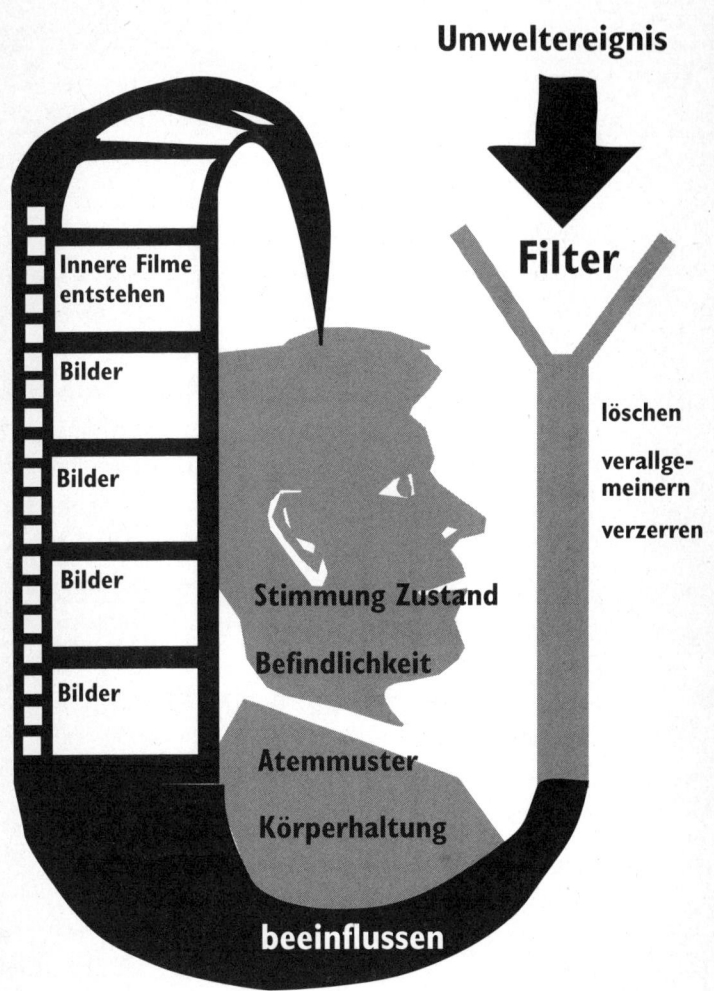

malte er sich aus, wie ihn der Prüfer regelrecht rein-
legt, und bereitete sich so vor, daß er auch besonders
trickreiche Prüfungen gut bestehen konnte.

Es ist daher kein Wunder, daß Roland vor jeder Prüfung überarbeitet war, schwarz sah und sich extrem
gestreßt fühlte. Nach jeder Prüfung ärgerte er sich
über das «simple» Prüfungsniveau, wo er sich doch
schon gegen die «übelsten Tricks» gewappnet hatte.
Vermutlich wollen jedoch die wenigsten Prüfer ihre
Prüflinge überraschen, reinlegen oder absichtlich
durchfallen lassen. In der Regel ist auch der Prüfer
nicht frei von Streß. Er wird sich fragen, ob er das
richtige Niveau trifft oder ob ein Versagen der Prüflinge nicht auch auf seine Fähigkeiten als Lehrer
schließen lassen könnte oder dergleichen.

Wir sollten uns klarmachen: Unsere Wahrnehmung
ist allein und ausschließlich unsere Wahrnehmung,
die uns als menschliches Wesen ausmacht, und ist –
zumindest in den oft so entscheidenden Details –
nicht unbedingt mit der Wahrnehmung eines anderen
identisch. Es ist unsere Fähigkeit, wie wir unsere
Wahrnehmung gestalten, durch Bilder, Gespräche,
Gefühle usw. Und deshalb ist es so wichtig, daß wir
uns miteinander austauschen, daß wir unsere Erfahrungen, unsere geistigen Filme miteinander vergleichen und auf Dauer unser Repertoire – die uns zur
Verfügung stehenden Verhaltens- und Denkmuster –
erweitern.

Wenn wir in unserem Filmrepertoire zum Thema Prüfung nur negative Filme, nur das eine Streßmuster, gespeichert haben, dann liegt es auf der Hand, daß uns Prüfungen immer aufs neue unter Streß setzen müssen. Unser Ziel muß es deshalb sein, diese negativen Filme durch positive zu ersetzen, und damit können wir sofort anfangen. Täglich begegnen uns viele Prüfungssituationen, in denen wir uns immer wieder – unnötig – stressen lassen. Um damit positiv umzugehen, müssen wir daran denken: es gibt ja positive Bilder in unserer Vorstellungswelt – wir müssen sie nur wiederfinden, sie uns zu eigen machen und sie an die Stelle der Bilder setzen, die uns im Weg stehen. Auch wenn jemand noch nie positiv gestimmt in eine Prüfung gegangen ist, lassen sich neue innere Erfolgsbilder konstruieren, um motiviert statt gestreßt an Prüfungen teilzunehmen.

Erfolgsmenschen haben eines gemeinsam: Sie verschwenden in Prüfungssituationen ihre Kräfte weniger mit angstmachenden und krankmachenden Gedanken, sondern begreifen Prüfungen als Herausforderungen, die sie bejahen.

Der Schlüssel zum streßresistenten Bewußtsein liegt in einer inneren Neueinstellung und Neubewertung von blockierenden Prüfungssituationen.

Prüfungsstreß in Prüfungslust verwandeln

 Prüfungen in gelassener Stimmung anzugehen und Prüfungsstreß in Prüfungsmotivation umzuwandeln, dabei hilft uns eine psychologische Methode, die den etwas schwierigen Titel Neuro-Linguistisches Programmieren – oder einfacher NLP – trägt. Sie beschäftigt sich mit den Denk- und Verhaltensmustern, die uns in bestimmten Situationen – in diesem Fall in den berüchtigten Prüfungssituationen – stets aufs neue blockieren. Sie versucht diese aufzudecken und durch neue, besser geeignete Muster zu ersetzen. Entwickelt wurde diese Methode in den siebziger Jahren von den zwei US-Forschern Richard Bandler und John Grinder, die herausfinden wollten, wie besonders erfolgreiche Therapeuten mit ihren Klienten arbeiten. Was machten sie anders als ihre Berufskollegen, die weitaus weniger Heilerfolge in ihrer therapeutischen Arbeit erzielten? Wie verhielten sie sich, wie kommunizierten sie mit anderen Menschen? Auf unser Thema bezogen, heißt die Fragestellung: Was machen sogenannte Erfolgsmenschen, denen die gute Prüfungslaune nur so in den Schoß zu fallen scheint, unbewußt anders als diejenigen, für die jede Prüfung

eine Qual ist? Mit NLP wurde es möglich, diese unbewußten Fähigkeiten besonders Begabter offenzulegen und in Trainingsschritte umzusetzen. Sie finden diese NLP-Methoden daher im zweiten Teil dieses Buches als Übungen für die Psycho-Power. Die meisten dieser Übungen sind direkt anwendbar und werden Sie in die Lage versetzen, Ihre negativen Streßgefühle aus der hintersten Ecke Ihres Kopfes herauszuholen und in den optimalen Drive für ein selbstbewußtes und positives Prüfungserlebnis umzugestalten.

Um eines deutlich zu machen: Es geht nicht darum, Prüfungsstreß abzubauen, denn wir brauchen Antrieb, Motivation, um die Prüfungshürden zu nehmen. Motivieren können wir uns durch Angst vor dem Versagen oder durch Freude am Erfolg. Angstmotivation treibt uns durch Schreckensbilder an: Wir sehen uns, wie wir Prüfungen wiederholen müssen, unser Ansehen verlieren. Wir sehen uns ohne abgeschlossenes Studium, ohne Ausbildung oder Führerschein und empfinden diese Bilder des Versagens wie einen Alptraum.

Dieser negative Streß hat zwei außerordentliche Nachteile gegenüber der Motivation durch Freude: Das Gehirn wird blockiert, und die Kräfte werden verpulvert. Bei Prüfungslust dagegen aktiviert unser Hirn Kreativität und Genialität und bündelt unsere Kräfte wie durch ein Brennglas auf das Ziel, die Prüfung zu bestehen.

Frust blockiert unser Gehirn

Versagensängste, Schreckensbilder haben eine verheerende Wirkung: Unser Großhirn, d. h. der Teil des Gehirns, der vor allen Dingen für unsere Kreativität zuständig ist, wird blitzschnell ausgeschaltet, das Stammhirn übernimmt die Führung. Dieser menschheitsgeschichtlich älteste Teil unseres Gehirns ist nur auf ein Ziel ausgerichtet: das physische Überleben zu sichern. Für unsere Vorfahren in grauer Vorzeit gab es nur zwei Alternativen: sich durchsetzen und das eigene Leben notfalls mit Gewalt retten oder fliehen, wenn der offene Kampf zu riskant war. Da diese beiden Alternativen die ganze Kraft in Anspruch nahmen, wurde die Energie von allen anderen Denkvorgängen abgelenkt.

Besonders reduziert unter negativem Streß sind unser Denken, unsere Flexibilität und unsere Kreativität. Unser Stammhirn schaltet Teile des Gehirns einfach ab und will so die Kraftreserven auf das Ziel der Lebenserhaltung bündeln. Erreicht wird dieses Abschalten des Gehirns durch die höhere Konzentration von Hormonen wie Adrenalin. Der Streßhormonspiegel steigt, unsere Kräfte zur Lebenssicherung im Angriff oder unsere Behendigkeit in der Flucht werden dadurch riesengroß. Dieser Mechanismus läuft in unserem Gehirn immer noch ab, wenn wir uns innere Schreckensbilder unserer Prüfung ausmalen. Das Gehirn rüstet immer noch für den physischen Kampf auf, obwohl Prüfungen ausschließlich ein geistiger Wettstreit sind! Deutlich sind die äußerlichen Anzeichen des Adrenalinstoßes: die Augen werden schmal und starr und sind auf die inneren Schreckensbilder konzentriert. Der Mund wird schmal, die Kiefern verkrampfen sich, der Nacken wird eingezogen, um ihn – wie damals – gegen Gefahren zu schützen. Die Schultern gehen nach vorn, Bauchmuskeln und Zwerchfell verkrampfen sich, und die Atmung wird

Das berühmte Brett vorm Kopf

immer flacher. Dadurch wird das Gehirn immer weniger mit Sauerstoff versorgt, denn der Sauerstoff wurde damals zur Existenzsicherung in den Muskeln benötigt. Auch Teile des Großhirns sind mangels Sauerstoff fast ausgeschaltet. Da das Gehirn blockiert ist und man das berühmte «Brett vorm Kopf» hat, arbeiten Prüfungsgestreßte uneffektiver und aufwendiger als Prüflinge in gelöster Verfassung.

Mittlerweile zeigte die Kinesiologie, daß sich Streß in Stadien aufbaut, die sich äußerlich beobachten lassen. Prüfungssituationen können unvermutet entstehen, und der Prüfling weiß schon, daß es dann gleich überstanden ist. Beispielsweise kann ein überraschender Blick in das Heft des Schülers, das Aufrufen in der Klasse erste Streßsignale auslösen. Ziel der Streßreaktion ist es, den alten Mechanismus «Sicherung des Überlebens» hochzufahren. Daher werden alle anderen, scheinbar überflüssigen Funktionen, besonders die, die das bewußte Denken und die Kreativität steuern, eingeschränkt. Ohne die übliche Blutzirkulation schließen sich die Poren der Haut und sondern das Öl ab, das sie enthalten, die Haut wird glänzend. Auch die Tränendrüsen machen dicht, die Augen werden trocken, und die Gesichtshaut wirkt glänzend.

Etwas später, wenn sich Öl und Feuchtigkeit von der Haut verflüchtigt haben, verschwindet das glänzende  Aussehen der Haut, die Augen werden matt, und die Lider sinken nach unten, um die trockenere Oberfläche der Augen zu schützen. Ebenso matt wie unsere Augen ist unsere Denkfähigkeit. Je länger dieser Zustand der Bedrohung anhält, desto mehr starren wir, statt zu schauen, und desto starrer und unflexibler wird auch unsere Denkweise. Da die Augen feststehen, werden auch nicht mehr alle Hirnspeicher, die mit den Bewegungen der Iris verbunden sind, eingeschaltet. Man ist in der Falle und im Streß gefangen.

Zieht sich der Prüfungsstreß über einen längeren Zeitraum hin, so vertieft sich der Streß mit gravierenden körperlichen Auswirkungen. Besonders betroffen sind die empfindlichen Muskeln, an denen die Augäpfel befestigt sind. Durch die Streßchemie im Körper zieht sich die sehr sensibel gebaute Muskelgruppe zusammen und fängt an, den dazugehörenden Augapfel nach oben zu rollen. Meistens geht ein Augapfel zuerst nach oben, weil die Muskelgruppen einer Körperseite noch empfindlicher sind als die der anderen. Dadurch wird die Tiefenwahrnehmung ausgeschaltet. Wenn Sie sich im Spiegel betrachten und mehr Weiß unter einer Iris als unter der anderen sehen, wissen Sie, daß Sie unter Streß zweiten Grades stehen. Ohne Tiefenwahrnehmung sind Sie ungeschickt, haben kleinere Unfälle und sind wenig heiter. Alle Tätigkeiten, die Ihr räumliches Sehvermögen erfordern, wie Autofahren, sollten Sie vorsichtig angehen.

Wenn der Streß anhält, wandert der zweite Augapfel in die Höhe des ersten, um die Tiefenwahrnehmung wiederherzustellen. Dann entsteht der Streß dritten Grades. Sie erkennen es im Spiegel daran, daß sich Weiß unter beiden Iriden zeigt. In diesem Zustand sinken die Motivation und die Stimmung auf null. In diesem Streßstadium hat sich der Prüfling meistens mit seinem Schicksal abgefunden. Er sieht keine andere Möglichkeit, als diese Prüfungsvorbereitung und die Prüfung durchzustehen. Er oder sie erhöht in der Regel seine Arbeitszeit, um wenigstens nicht faul gewesen zu sein. Von intelligenter Arbeit, kreativen Lösungen, um mit der knappen Zeit gut umzugehen und genug Pausen und Freizeit einzuplanen, ist keine Rede mehr. Manche Kandidaten kommen dann auch unausgeschlafen, ohne Frühstück, manchmal gar zu spät zu den Prüfungen. Durch Augenübungen, die Sie im Übungsteil finden, läßt sich hier rasche Abhilfe schaffen.

Alle Kräfte konzentrieren

Bei negativem Streß fehlen uns nicht nur die Glücks-
hormone, die uns das Arbeiten erleichtern und unser
Denken so richtig unter Strom setzen. Bei negativem
Streß weiß man auch gar nicht, was das Ziel ist. Man
weiß nur, was man nicht will! Der gestreßte Prüfling
stemmt sich gegen das Versagen. Wir sollten uns einmal die wichtige Frage stellen: Worauf wird unsere
ganze Kraft wirklich konzentriert?

Das soll an einem Beispiel erläutert werden. Die Kin-
dergärtnerin Vera arbeitete vor jedem Elternabend
Tage vorher die Besprechungspunkte bis in Einzelheiten aus, um ja nichts zu vergessen und gut vorbereitet
zu sein. Ein einziger Gedanke beherrschte sie: «Wie
verhindere ich, daß die Eltern sich mit meiner Leitung
des Kindergartens unzufrieden äußern? Was könnte
ich sagen, wenn sie unzufrieden sind?»

Nach einem Elternabend ist sie wie ausgebrannt und
enttäuscht, weil ihre vorbereiteten Argumente gar
nicht zum Zuge kamen. Die Eltern waren im Grunde
sehr zufrieden mit ihrer Arbeit, stellten ihr neugierige
Fragen und hatten viele Vorschläge für bevorstehende
Weihnachts-, Oster- und Sommerfeste. Die guten

Wünsche und die Zustimmung, die die Eltern auch äußerten, konnte Vera nicht glauben. Sie wartete geradezu darauf, daß sie auf irgendeine Frage keine Antwort wußte, und wiederholte innerlich ihre einstudierten Gegenargumente, um für alle Eventualitäten gerüstet zu sein.

Menschen mit starker Prüfungsangst streben weg vom Versagen, sie motivieren sich mit Versagensbildern, das ist ein Teil ihrer Vorbereitung. Wohin sie die Kräfte lenken, ist nicht festgelegt, doch die Zersplitterung der Kräfte und die Vergeudung der Energie sind unausweichlich.

Alle Kräfte konzentrieren Die Alternative ist: alle Kräfte wie durch ein Brennglas auf ein Ziel konzentrieren. Scheinen die Sonnenstrahlen aufs Papier, passiert nichts, werden sie durch ein Brennglas gebündelt, entzündet es sich! Lenken Sie Ihre Energie auf die Themen, die mit höchster Wahrscheinlichkeit in der Prüfung drankommen, dann sparen Sie im Endeffekt Energien.

Jemand, der motiviert in eine Prüfung geht, sieht sie als Teil des normalen Lebens, der etwas spannender ist, mehr Kick verheißt und Körper und Geist angenehm unter Strom setzt. Künstler und Sportler etwa, die ihre Leistungen ständig unter Beweis stellen, empfinden so. Ein paar aus Interviews mit Leistungsträgern herausgepickte Formulierungen zeigen das: «Ich spürte schon das Flattern im Bauch, aber dann sagte ich mir, du hast genau das gewollt, jetzt hast du es. Nutze es! Und meine Laune stieg schlagartig»

(Katharina Witt, Eiskunstläuferin). «Ich freue mich aufs Publikum, und ich gebe ihnen mit meinen Bewegungen alle Liebe, die ich für sie habe» (Claudia Pechstein, Eisschnelläuferin). «Jetzt endlich geht's los, so habe ich mir das gewünscht. Jetzt werde ich meine Grenzen überschreiten» (Suheir Salei, Tänzerin). «In den schönsten Augenblicken war meine Konzentration vollständig, ich bin total in dem aufgegangen, was ich tat, der Körper war überall wach, die Energie floß, und das Glücksgefühl, so energiegeladen zu sein, war unbeschreiblich» (Hubert Schwarz, Radprofi und Triathlet).

Geistige Filme
steuern unseren Streß

Es gibt Momente in unserem Leben, in denen wir über nicht bestandene Prüfungen, über angstbeladene Situationen lachen können, weil wir genügend Abstand dazu haben. Wir lassen diese Situationen wie Filme vor unserem inneren Auge ablaufen, können mit anderen offen reden und gemeinsam über unsere früheren Ängste schmunzeln. Wir wollen Sie dazu anregen, sich zu fragen, warum nur die Zeit Prüfungsängste heilen soll. Denn wenn wir Streß in Humor umwandeln können, ist das ebenso ein Vorgang in unserem Gehirn wie der Streß bei der Prüfung selbst. Versuchen Sie sich die schwierigen Prüfungssituationen anzuschauen, die blockierenden Verhaltensmuster aus der Distanz freizulegen und durch neue Muster zu ersetzen. Über diese neuen Muster verfügen wir bereits unbewußt, denn sonst könnten wir nicht Jahre später darüber lachen, wie sehr uns Prüfungen in Schrecken versetzt haben und wie gestreßt wir einmal waren!

Wenn unser Gehirn diese Fähigkeit besitzt, die inneren Streßfilme nach einer bestimmten Zeit zu verändern, dann müßten wir auch in der Lage sein, diese

Filme gleich zu löschen und mit neuen motivierenden Filmen zu überspielen. Alle Freiheit dem Regisseur! Wir sind es ganz allein, die unsere eigenen Bilder und Filme verändern können und spannend finden!

Wenn jemand sagt, «für diese Prüfung sehe ich schwarz», dann können Sie sicher sein, daß der Sprecher dieser Worte für die bevorstehende Prüfung tatsächlich schwarze Bilder vor seinem inneren Auge ablaufen sieht. Und es ist recht unwahrscheinlich, daß er mit dieser Einstellung ein für ihn befriedigendes Ergebnis erzielen wird. Was hindert ihn also daran, aus dem schwarzen Bild ein buntes, farbenfrohes zu machen?

«Ich stehe wie vor einem Berg, und dann bin ich total blockiert!» – Das Bild, an das dieser Prüfling denkt, zeigt die Prüfung anscheinend wie einen Berg vor seinem inneren Auge, der ihm die Sicht verstellt. Auch daran ließe sich etwas ändern, indem man die Entfernung des Bildes vom Körper des Betrachters vergrößert und den Berg innerlich abträgt.

«Wenn ich an die Prüfung denke, dann wird mir ganz schummerig.» – Auch diese Äußerung läßt etwas über das innere Bild des Betrachters vermuten. Das Bild erscheint wahrscheinlich unscharf, verschwommen, es fehlt ihm die Tiefenschärfe. Und auch dieses Bild läßt sich korrigieren, schärfer stellen, mit deutlicheren Konturen versehen.

Die Grafik auf den Seiten 40/41 zeigt die Möglichkeiten auf, die wir haben, um unsere inneren Bilder zu verändern – und das sind eine ganze Menge. Eine besonders große Auswirkung auf unsere Gefühle haben die Merkmale Größe, Helligkeit, Entfernung und Positionierung des vorhandenen Bildes im Raum.

Wie sich Streßbilder von positiven Erinnerungsbildern unterscheiden, zeigt die Schilderung von Ingrid B., die Romanistik studiert und zahlreiche Prüfungen in verschiedenen Fremdsprachen ablegen muß. «Das dritte Mal durchgefallen, und nur einen halben Punkt zu wenig für eine Vier! Das kann doch nicht wahr sein, das ist ungerecht!» Ingrid B. war außer sich. «Alles umsonst, nun muß ich zum viertenmal den Stoff pauken! Es hängt mir schon zum Hals heraus, ich war dieses Mal so sicher und auch viel weniger aufgeregt. Trotzdem durchgefallen!»

Kann das Zufall sein? Hier geht es um unbewußte Fähigkeiten, die Ingrid einen Streich spielen. Betrachten wir das Ereignis mit Ingrid zusammen einmal aus einer anderen Perspektive: Es gibt keine Zufälle – wir halten vielmehr etwas für einen Zufall, z. B. ein so knappes Prüfungsergebnis, weil wir nicht erkennen, daß wir dieses Ergebnis selbst unbewußt verursachten. Daß wir dann von Zufällen sprechen, ist Ausdruck dafür. Für uns ist im Regelfall eben nicht erkennbar, wie wir uns unbewußt auf ein so haarscharf negatives Prüfungsergebnis einstellen!

Ingrid B. schüttelt nur ratlos den Kopf. «Das alles hängt doch nicht mit mir, sondern mit diesem Dozenten zusammen!» Auf die Frage, was denn mit diesem

Dozenten los sei, zeigt ihr Gesicht Anzeichen von äußerlichem Streß. «Der hat doch schon bei der ersten Begegnung gesagt, wer nicht einmal in dem Land studiert hat, kann Sprachprüfungen bei mir nicht bestehen! Ich war doch nur in den Semesterferien in Frankreich. Er kreiste während der Klausuren um uns herum wie ein Schäferhund um eine Herde. Aus seinen Blicken lese ich deutlich: ‹Du kannst es nicht schaffen!›» Ingrid sieht das Bild dieses Dozenten plastisch vor sich. Sie kann seine Blicke exakt beschreiben und hört auch seine Stimme, wie er sagt, daß sie es nicht schafft! Es hilft in einer Lage wie Ingrids wohl kaum, zu dem betreffenden Dozenten zu gehen und ihn zu bitten, sich zu ändern. Fragen wir uns und Ingrid auch einmal, wo das Problem überhaupt liegt. Handelt es sich wirklich um eine Schwierigkeit mit dem Dozenten? Oder ist es nicht der Bildausschnitt von Ingrid, den sie in der Vergangenheit als Programm gespeichert hat und der mit dem Dozenten eigentlich wenig zu tun hat?

Die NLP-Gründer Bandler und Grinder interessierten sich für den Zusammenhang zwischen der sinnlichen Wahrnehmung und den Vorgängen im Gehirn. Sie stellten fest, daß die Art, wie wir z. B. innere Bilder sehen oder wie wir welche Töne und Stimmen hören, bestimmt, ob Streß- oder Freudehormone ausgelöst werden. Wie das geht?

Bei Ingrid sah das innere Bild des von ihr so unangenehm erlebten Dozenten so aus: es ist sehr nahe, sehr

Bilder beschreiben

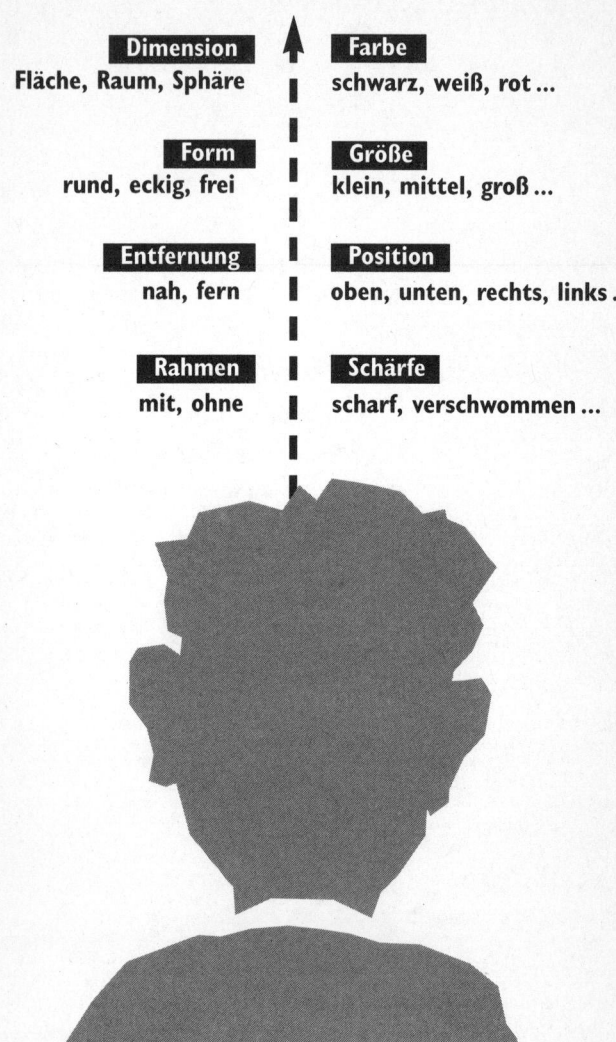

Dimension
Fläche, Raum, Sphäre

Farbe
schwarz, weiß, rot …

Form
rund, eckig, frei

Größe
klein, mittel, groß …

Entfernung
nah, fern

Position
oben, unten, rechts, links …

Rahmen
mit, ohne

Schärfe
scharf, verschwommen …

zum Beispiel:

verschwommen, scharf...

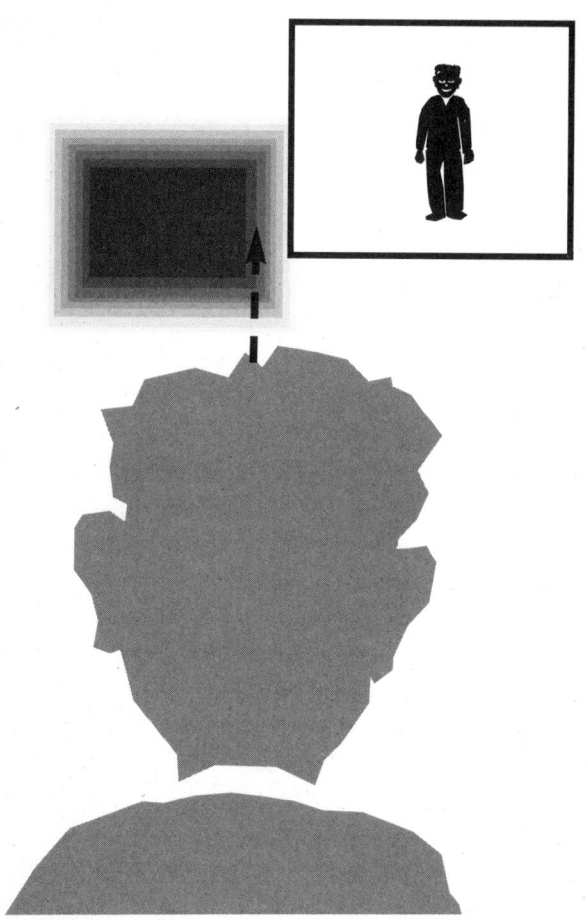

groß, undeutlich, die Augen sind beinahe schwarz und ohne Bewegung, dunkle Farben dominieren. Das Bild hat keinen Rahmen. Es sieht eher aus wie ein Foto, weniger wie ein Film, und steht direkt vor ihrem Gesichtsfeld. Gefragt, ob sie sich an eine Prüfungssituation erinnert, in der sie sich gut gefühlt und die sie mit Erfolg bestanden hat, konnte Ingrid ein ganz anderes Bild abrufen. Sie hatte ihr Abitur problemlos absolviert, und ihre Prüfungsängste waren erst im Studium aufgetreten. Das positive Erinnerungsbild war mehr rechts oben, etwas weiter von ihrem Körper entfernt, hatte sehr deutliche Konturen, war dreidimensional und größer als das Streßbild.

Was liegt näher, als das Streßbild dem positiven Erlebnisbild in Farben, Größe, Entfernung und Positionierung im Raum anzugleichen? Ingrid entspannt sich bei dieser inneren Veränderung des Streßbildes deutlich. Man muß ein wenig üben, ehe man das streßfreie Bild innerlich festhalten kann. Ingrid programmiert sich sozusagen auf Erfolg durch ihre eigenen Zielbilder, die das gleiche Aussehen haben wie ihr positives Erinnerungsbild.

Positive Erinnerungsbilder aktivieren

Neu für unser Verständnis von Gefühlen ist die Einsicht, daß die Art, wie wir die gefühlemachenden Bilder innerlich sehen, entscheidend ist für unsere Gefühle. Nicht der Bildinhalt bestimmt die Gefühle, sondern die Strukturen des Bildes, wie Schärfe, Tiefe usw. Wir müssen also wie ein Maler oder Kunstexperte die Galerie unserer inneren Erlebnisbilder miteinander

42

vergleichen, um festzustellen: was löst positiven Streß und was löst negativen, zerstörerischen Streß aus? Neben den inneren Erlebnisbildern gibt es auch Tonbänder, die sich beschreiben und vergleichen lassen, indem man sich Tonhöhe, Rhythmus, Melodie, Akzentuierung einer Hörerinnerung bewußt macht.

Die Stimme des Dozenten, der Ingrid so fertiggemacht hatte, klang für sie nasal, ohne Rhythmus, relativ hoch, während die Stimme ihres Abiturlehrers, der sie beim Austeilen der Aufgaben noch ermunternd angesprochen hatte, sehr melodiös, sehr weich klang. Die Verknüpfung bestimmter Bild- und Stimmqualitäten mit bestimmten Gefühlen haben wir in unserer Jugend erlernt.

Wir legen von der Geburt bis zum vierten Lebensjahr eine Menge solcher inneren geistigen Filme an, die neben Bildern, Worten, Tönen und Gefühlen, in bestimmten Situationen auch Gerüche und Geschmacksempfindungen speichern. Bei Erlebnissen, die Angst, Schmerz oder eine andere intensive negative Emotion auslösen, wird das innere Bild, das man damals erlebte, ebenso wie das, was man hörte, körperlich fühlte, roch oder schmeckte, über die Nerven im Gehirn zu einem untrennbaren Ganzen verschmolzen. Neurologen gehen wohl davon aus, daß diese Fusion wenige Sekunden benötigt, in negativen wie positiven Auswirkungen allerdings ein ganzes Leben anhalten kann. Wenn wir später im Leben ähnliche Augen, Stimmen, Bilder wahrnehmen, werden

sie an den inneren Bildern und Tönen des «Urerlebnisses» gespiegelt, und das gleiche intensive Schmerz- oder Angstgefühl kommt wieder hoch. Äußere Ereignisse bestimmen über unsere inneren Filme, die in allen Sinnesarten im Gehirn abgelegt sind, unsere Stimmung, unseren Zustand, unsere Befindlichkeit. Wie wir auf Prüfungsangebote reagieren, ist von diesen inneren und unbewußten geistigen Filmen abhängig.

Eine Grundidee des NLP ist, die inneren Bilder und Worte, Töne, Gefühle, Gerüche und Geschmacksempfindungen jeweils genau zu beschreiben und im Licht positiver Erfahrungen zu verändern. Schmerzhafte Erlebnisse der Vergangenheit, die wir bei jeder Prüfung wieder durchleben, können direkt verändert werden. Wenn wir gezielt unser Wissen um die inneren Filme als Bindeglied zwischen Prüfung und Streßreaktion einsetzen, erhalten wir so etwas wie einen Instrumentenkoffer. Wir können unsere positiven Streßhormone, die wir zur Bewältigung von Prüfungen benötigen, selbst aktivieren. Wir sind nicht mehr Spielball alter Erfahrungen, sondern wir können als Spieler neue Erfahrungen schaffen und mehr Freiheit und Lebensqualität durch Spaß an Prüfungen erlangen. Wir haben die Wahl, entweder mit Vitalität, Begeisterung, Optimismus und Kreativität (Eustreß) oder mit negativen Gefühlen der Anspannung, Reizbarkeit, Konzentrationsschwäche auf Prüfungen zu reagieren (Disstreß). Diese Wahl fällt nicht schwer:

44

Prüfung als Chance zu mehr Lebendigkeit, das ist die Möglichkeit, die durch das NLP realisierbar wird.

Die folgenden Übungen für die Psycho-Power sind zunächst körperbezogen. Die Soforthilfen unterstützen den direkten Abbau der Streßhormone. Die dann folgenden Übungen widmen sich durch die Zentrierung des Körpers, wodurch das vom negativen Streß blockierte Großhirn wieder aktiviert wird. Die weiteren Kapitel zeigen, wie man die negativen Streßerfahrungen innerlich neutralisiert und in attraktive Ziele verwandelt.

Übungen für die Psycho-Power

Soforthilfen

Wasser – Nahrung für Ihr Gehirn

Übereinandergestapelte Bücher und Hefte, Spick-zettel, Taschenrechner, jede Menge Stifte und andere Schreibutensilien und natürlich Vitamintabletten – das ganz normale Chaos auf den Tischen und in den Taschen der Prüflinge kurz vor einem Prüfungs-termin. Das Allerwichtigste allerdings ist nur in Form von Angstschweiß vorhanden – Flüssigkeit.

Der menschliche Körper besteht zu fast zwei Dritteln aus Wasser. In Zeiten großer geistiger Anspannung braucht unser Körper besonders viel flüssige Nah-rung, um den Energiehaushalt in Gang zu halten. Nur so kann das Gehirn die aufgenommenen Informa-tionen optimal verarbeiten und das Gelernte an den gesamten Körper weiterleiten. Verweigern wir ihm diese flüssige Energiezufuhr, dann begibt sich unser

Gehirn in den Streik – und die so gefürchteten Denkblockaden setzen unvermeidlich ein.

Um dies zu verhindern und unseren gesamten Organismus in Fluß zu halten, brauchen wir vor allem eins: Wasser. Wasser leitet die Informationen, die wir unserem Gehirn eingetrichtert haben, an den übrigen Körper weiter, setzt die starren Zahlen und Buchstaben vor unseren Augen in Gefühle um und verschafft uns erst dadurch Zugang zum Lernen. Bekommt unser Körper zu wenig Wasser, dann sitzen wir buchstäblich auf dem Trockenen, können einen Text noch so oft durchlesen, ohne ihn wirklich zu verstehen bzw. aufzunehmen.

Dabei ist es doch eigentlich so einfach: Sobald Sie merken, daß negative Streßgefühle Sie beim Lernen behindern, gehen Sie zum Wasserhahn oder greifen Sie zur Wasserflasche! Sie werden feststellen, wie dankbar Ihr Körper auf diese kleine Hilfestellung reagiert!

Mach mal Pause!

Markus W. hatte die Angewohnheit, sich kurz vor einer Prüfung so gut wie keine Pause mehr zuzugestehen. Selbst in der Nacht vor dem Examen lernte er noch! Seine Prüfungsängste hielten ihn an der Arbeit, allerdings war er bei Prüfungsbeginn unausgeschlafen und energielos.

Unser Körper und unser Gehirn brauchen Pausen. Intuitiv wissen wir das auch, trotzdem schaffen wir es immer wieder, die Signale unseres Körpers zu überhören. «Ich habe noch so viel zu lernen! Wie soll ich die Prüfung schaffen, wenn ich auch noch Pausen mache!» Dabei ist weniger eben meistens sehr viel mehr! Der individuelle Arbeits- und Ruherhythmus mag dabei verschieden sein. Man geht jedoch im allgemeinen davon aus, daß unser Körper nach einer Aktivitätszeit von 90 bis 120 Minuten auf jeden Fall 15 bis 20 Minuten Pause braucht – und dieser Rhythmus sollte den ganzen Tag über eingehalten werden. Diese Zeit braucht unser Organismus, um wieder Luft zu holen, um seine Energiespeicher wieder auffüllen zu können. Überhören wir Pausensignale und arbeiten einfach weiter, dann können zwei Dinge passieren: Entweder sind wir überhaupt nicht mehr in der Lage, noch etwas aufzunehmen, oder wir bekommen noch einmal einen richtigen Energieschub, sind plötzlich hellwach und scheinbar hochkonzentriert. In solchen Momenten des übersteigerten Aktivismus ist man ungeduldig, reizbar, emotionale Ausbrüche sind nicht selten. Leistungsbereitschaft und Wahrnehmung sind zwar durchaus noch vorhanden, lassen sich aber immer schlechter koordinieren. Und irgendwann läßt uns unser Gedächtnis ganz und gar im Stich, unsere Reaktionsgeschwindigkeit nimmt immer mehr ab. Überhören wir diese Signale unseres Körpers weiterhin, dann wehrt sich unser Organismus massiv: Schlafstörungen, Magen-Darm-Störungen, Herzrasen, Hautprobleme sind die Folgen chronisch hoher Streßbelastung.

Räumen Sie mit alten Gewohnheiten auf!

Beobachten Sie einmal Ihre Aktivitäts- und Ruhephasen, die Ihnen Ihr Körper auf ganz natürliche Weise signalisiert. Mach-mal-Pause-Signale Ihres Körpers sind Gähnen, das Bedürfnis, sich zu recken, umherzulaufen – eben nach einer Pause. Ihre Konzentration läßt nach, Ihre Gedanken schweifen ab – warum geben Sie dem nicht einfach nach? Wenn Sie diesen Signalen zum Trotz weiterarbeiten, wird Ihr persönlicher Leistungsabfall immer krasser. Vielleicht ist Ihnen das nicht unbekannt: Nach pausenlosem Arbeiten haben Sie auf einmal das Gefühl, alles liefe prima. Sie sind in bester Stimmung. Wenn Sie dann später in ausgeschlafenem Zustand das Ergebnis Ihrer Arbeit genauer anschauen, merken Sie auf einmal, daß Sie das Ganze durchaus in einem Drittel oder einem Viertel der Zeit hätten schaffen können!

Räumen Sie mit alten Gewohnheiten auf! Schmeißen Sie die ewig blockierenden Glaubenssätze über Bord, die Ihnen verbieten, eine Pause einzulegen! Wer sich ausruht, ist nicht faul. Im Gegenteil: Wer sich ausruhen kann, sammelt Kraft für den nächsten großen Sprung.

Beatmen Sie Ihre Intelligenz!

Machen Sie einmal diesen kleinen Test: Denken Sie an etwas, das Ihnen große Freude macht, stellen Sie sich dieses Erlebnis innerlich als Bild vor, möglichst farbig, bunt und plastisch. Versuchen Sie, die Stimmen wahrzunehmen, wie Sie sie in dieser Situation innerlich sprechen hören. Spüren Sie dem Gefühl in Ihrem Körper nach. Indem Sie Ihre Gedanken auf dieses Ereignis richten, wird sich Ihr Körper automatisch aufrichten, Ihr Atem wird ruhiger, tiefer und gleichmäßiger werden.

Versetzen Sie sich dagegen in eine für Sie unangenehme Situation, werden Sie merken, daß Ihr Körper eine andere Haltung einnimmt und Ihr Atem nicht mehr frei fließt. In Momenten, die uns angst machen, halten wir den Atem an, um der Gefahr gewissermaßen zu «lauschen» – wie unsere Vorfahren in Zeiten existentieller Bedrohung.

Auf jede Situation, der wir ausgesetzt sind, reagiert unser Körper mit einem anderen Atemmuster. Fühlen wir uns bedroht, ist unser Atem flach und erreicht die Bauchregion kaum, fühlen wir uns dagegen wohl, wird unser Atem tief und ruhig und findet vor allem im Bauchbereich statt.

Probieren Sie es einmal aus: Legen Sie eine Hand auf Ihren Bauch, und Sie können regelrecht fühlen, wie es Ihnen gerade geht. Wölbt sich Ihre Bauchdecke beim Einatmen nach außen und beim Ausatmen nach in-

Machen Sie einen Test!

nen, dann ist für Sie momentan alles in Ordnung. Spüren Sie diese Bewegung dagegen gar nicht, dann geht es Ihnen augenscheinlich momentan nicht besonders gut.

Indem Sie Ihre Hand eine Zeitlang auf Ihrer Bauchdecke lassen, können Sie Ihr Zwerchfell anregen, seine Tätigkeit wiederaufzunehmen und Ihre Bauchatmung freizugeben. Das freie Durchatmen in streßgeladenen Zeiten läßt sich auch durch einen Zählrhythmus unterstützen: während Sie einatmen, zählen Sie langsam bis drei, halten den Atem viermal so lange an – also zählen bis 12 – und atmen danach wieder aus, während Sie doppelt so lange – also bis 6 – wie beim Einatmen zählen.

Wenn Sie sich in diesen Dreierrhythmen einigermaßen wohl fühlen, können Sie Ihre Zählfrequenz so lange erhöhen, bis Sie das für Sie geeignete Atemmuster gefunden haben. Die jetzt entstandene tiefe Bauchatmung können Sie übrigens dadurch unterstützen, daß Sie ein paarmal richtig herzhaft gähnen. Es schaut ja keiner zu!

Der Streß sitzt im Körper

«Jeden Morgen nehme ich mir vor, mindestens 50 Seiten durchzuarbeiten. Und jeden Abend hänge ich wieder vor dem Fernseher, gehe danach total erschöpft ins Bett und bin sauer auf mich, weil ich den ganzen Tag nichts geschafft habe. Am nächsten Tag beginnt dann dasselbe Spiel von vorne. Ich schiebe alles so lange auf, bis ich wirklich nur noch Tag und Nacht durchlernen kann, um es überhaupt noch irgendwie zu schaffen.» Vielleicht kennen Sie dieses Verhalten auch bei sich: Die bevorstehende Prüfung jagt Ihnen so große Angst ein, daß Sie sich lieber erst mal gar nicht mit ihr beschäftigen und am Ende unter größtem Kraftaufwand das Versäumte nachzuholen versuchen. Paradoxerweise fallen einem in solchen Situationen tausend Dinge ein, die man unbedingt erledigen muß. Auf einmal werden Ascheimer ausgeleert, Fenster geputzt, Briefe geschrieben, zu denen man vorher überhaupt keine Lust hatte. Immer noch besser als LERNEN!

Aufschieben und Nebenschauplätze erfinden ist im Prinzip gar nicht so unkreativ – doch der Lösung des eigentlichen Problems sind Sie damit leider keinen einzigen Schritt näher gekommen. Ihr Gehirn beschäftigt sich nämlich mit völlig anderen Dingen als denen, um die es Ihnen gehen sollte. Was können Sie also tun? Wenn Sie den ersten Teil dieses Buches gelesen haben, werden Sie es sicher schon ahnen. Es geht darum, uns unsere negativen Bilder anzusehen und den nötigen inneren Abstand zu ihnen zu gewinnen. Schalten Sie also den Fernseher aus – und Ihr Gehirn wieder ein, denn Ihr Gehirn ist die Schaltzentrale Ihres gesamten Organismus, Herrscher über Ihre fünf Sinne. Wie wir diese Schaltzentrale wieder in Gang setzen können, das ist durch NLP bekannt: über die Bewegung unserer Augen!

Die Augen-Übung

Wenn wir mit Prüfungssituationen lediglich negative innere Bilder verknüpfen, dann werden wir alles dafür tun, uns diese Bilder nicht anschauen zu müssen. Unsere Augen sind starr nach außen gerichtet, wir versuchen so, nicht mehr an die Prüfung zu denken. Doch leider ist uns eben gerade damit in keiner Weise geholfen. Wenn wir weiterkommen wollen, müssen wir uns die vermeintlich unangenehmen Situationen einmal ansehen, um sie verändern zu können.

Hierzu stellen Sie sich bitte eine Prüfungssituation vor, die für Sie negativen Streß bedeutet.

Augenbewegung

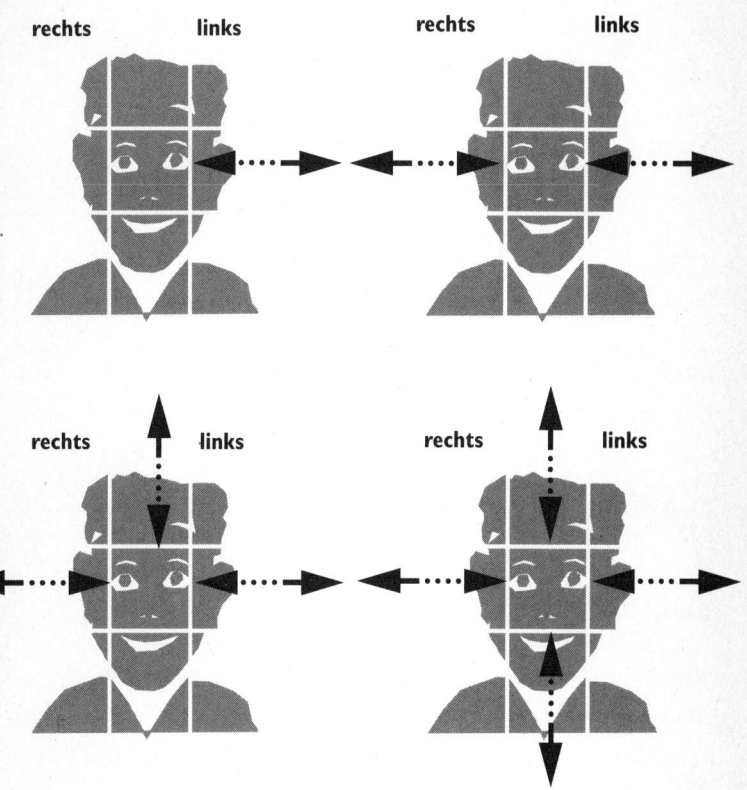

Danach bewegen Sie Ihre Augen zunächst nach links, dann zur Mitte, danach nach rechts und wieder zur Mitte, dann nach oben und zur Mitte, zum Schluß nach unten und wieder zur Mitte. Versuchen Sie einen Rhythmus in diese acht Bewegungen zu bekommen.

Sie können die Bewegung Ihrer Augen auch dadurch unterstützen, daß Sie das, was Ihre Augen tun, mit Worten begleiten.

Während dieser Übung neigt man dazu, die Luft anzuhalten und das Atmen völlig zu vergessen. Daher ist es wichtig, sich ab und zu an den eigenen Atem zu erinnern. Am besten funktioniert das, wenn Sie während der Übung eine Hand auf Ihren Bauch legen und Ihrem Atem nachspüren.

Wenn Sie diese vier Augenbewegungen so gut beherrschen, daß Sie sie fast automatisch ausführen können, versetzen Sie sich wieder in Ihre Prüfungssituation zurück, und setzen Sie die Augenbewegungen fort.

Was passiert mit Ihrem Streß? Fühlen Sie sich schon besser?

Führen Sie die Augenbewegungen so lange fort, bis Sie sich bei dem Gedanken an Ihre Prüfung so fühlen wie in irgendeiner alltäglichen neutralen Situation.

Immer dann, wenn Sie sich nicht auf Ihren Prüfungsstoff konzentrieren können, machen Sie diese Augenübung! Sie ist der Schlüssel zu all Ihren Gefühlen, sie sorgt dafür, daß Ihre Bild-, Hör-, Gefühls-, Geschmacks- und Geruchsspeicher wieder eingeschaltet werden und Ihnen sämtliche Orientierungsquellen

Liegende Acht

für die Bewältigung der Aufgaben zur Verfügung stehen.

Zu dieser Augenübung gibt es eine wirksame Ergänzung: Statt Ihre Augen lediglich in vier Richtungen und zurück zur Augenmitte zu bewegen, malen Sie mit Ihren Augen vor Ihrem Körper eine liegende Acht. Denn die Achterbewegung Ihrer Augen vereint und bündelt alle Ihre Sinnesspeicher.

Auch bei dieser Übung können Sie Ihre Augenbewegungen wiederum durch Worte unterstützend begleiten, indem Sie sagen: «Hinauf nach links, links im Kreis zurück zur Mitte, hinauf nach rechts, rechts im Kreis zurück zur Mittellinie», und gleichzeitig diese Augenbewegung ausführen. Wichtig bei dieser Übung ist, daß Sie versuchen, nur Ihre Augen und nicht Ihren Kopf zu bewegen, damit alle Hirnspeicher aktiviert werden.

Die ABC-Übung

Wenn Ihnen die vorangegangene Übung noch nicht genügend Denkfreiheit verschafft hat und Sie sich noch nicht entspannt genug fühlen, um sich gelassen und zielorientiert auf Ihre Prüfung vorzubereiten, dann empfiehlt sich eine weitere Übung, die neben den Augen auch verschiedene andere Körperregionen direkt anspricht. Zu Anfang mag sie etwas kompliziert erscheinen. Lassen Sie sich einfach einmal fünf Minuten darauf ein, und Sie werden merken, wie auch diese Übung entstressend wirkt.

A	B	C	D	E
R	L	Z	L	R
F	G	H	I	J
R	L	Z	L	R
K	L	M	N	O
L	R	Z	Z	R
P	Q	R	S	T
L	R	L	R	Z
U	V	W	X	Y
L	R	Z	L	R

Auf der abgebildeten Tafel sehen Sie die Buchstaben des Alphabets in Fünfergruppen in mehreren Reihen. Darunter befinden sich in einer zweiten Zeile jeweils die Buchstaben R, L und Z:

R steht für rechts,

L für links und

Z für zusammen.

Lesen Sie nun die Buchstaben der Alphabetreihen laut vor und heben dabei im ersten Durchgang dieser Übung die rechte Hand, wenn ein R in der 2. Zeile steht, die linke Hand, wenn ein L in der 2. Zeile steht und beiden Hände, wenn Sie ein Z dort finden.

Auch bei dieser Übung können Sie Ihre Sprache und

Ihr Hörvermögen zu Hilfe nehmen und Ihre Handlungen kommentieren:

«A Hand rechts hoch»,

«B Hand links hoch»,

«C beide Hände heben».

Denken Sie jetzt bitte an die bevorstehende Prüfung und lesen danach die Buchstaben des Alphabets noch einmal laut vor. Heben Sie dabei wiederum – je nach Zuordnung – bei L die linke, bei R die rechte Hand und bei Z beide Hände. Führen Sie diese Übung dreimal hintereinander durch.

Danach denken Sie wieder an Ihre Prüfung. Wie geht es Ihnen jetzt damit?

Wenn Sie diesen ersten Durchgang der Übung mit der linken, der rechten und beiden Händen gut beherrschen, dann gehen Sie zum nächsten Durchgang über: Versuchen Sie, beim Aufsagen des Alphabets mit der jeweils erhobenen Hand auf das gegenüberliegende Knie des ebenfalls erhobenen Beines zu fassen, dabei bleiben Sie sitzen. Keine Angst, es hört sich schwieriger an, als es ist, und Sie werden schon bald merken, daß auch dieser Teil der Übung schnell zur Routine wird und Sie es schaffen, Ihren Körper sozusagen über Kreuz zu aktivieren. Dadurch werden beide Großhirnhälften eingeschaltet, und die Kreativität und der Spaß an der Herausforderung nehmen zu.

Im dritten Durchgang dieser Übung hüpfen Sie und berühren bei R = rechts mit der rechten Hand den linken Fuß, bei L = links ist alles umgekehrt. Und bei Z hüpfen Sie wie ein Hampelmann mit beiden Beinen und Armen gleichzeitig.

Sie werden fühlen, daß es Ihnen schon viel besser geht! Sämtliche Sinneszentren in Ihrem Gehirn – nicht nur die Augenregion – sind im Einsatz gewesen, und Sie haben binnen kürzester Zeit Ihren ganzen Körper in Schwung gebracht.

Eichen Sie Ihren Körper auf Erfolg

Unser Körper hat für jede Situation, in der wir uns befinden, ein spezifisches Atemmuster. Das Atemmuster einer positiv wahrgenommenen Prüfung ist ein völlig  anderes als das einer mit negativem Streß verbundenen Prüfung. Die folgende Übung zeigt Ihnen, wie Sie durch richtiges Atmen Ihre negativen Vorstellungen in positive verwandeln können:

Suchen Sie sich einen Platz, an dem Sie ungestört sind, und machen Sie es sich dort richtig bequem. Spüren Sie mit der Hand auf Ihrer Bauchdecke, wie Sie ein- und ausatmen.

Versuchen Sie jetzt, sich an eine Prüfungssituation zu erinnern, die Sie positiv, als Herausforderung, erlebt haben und die Sie auch erfolgreich abgeschlossen haben.

Versuchen Sie diese Situation mit all Ihren Sinnen nachzuempfinden. Welche Bilder fallen Ihnen dazu ein? Sind sie klar oder verschwommen, farbig oder schwarzweiß? Welche Stimmen fallen Ihnen dazu ein, haben Sie vielleicht irgendeinen Geruch in der Nase oder einen bestimmten Geschmack im Mund?

Versuchen Sie zwischendurch immer mal wieder, Ihren Atem wahrzunehmen. Hat er sich verändert, ist er tiefer und gleichmäßiger geworden? Wie hat sich Ihre Körperhaltung verändert?

Versuchen Sie nun an Ihrem ganzen Körper zu spüren, wie Sie sich damals fühlten. Standen oder saßen Sie? Waren Ihre Muskeln an den Schultern, am Rücken, an den Beinen angespannt oder entspannt? Waren Ihre Augen starr oder locker? Wie fühlten sich Ihre Lippen an? Welches Gefühl hatten Sie in Ihrem Unterkiefer?

Wenn Sie diese Prüfungssituation mit all Ihren Sinnen wiederbeleben können, dann ist dies für Ihren Körper und Ihr Gehirn so, als ob Sie die Situation jetzt in diesem Moment erleben würden. Sie haben das Bild einer positiven Prüfungssituation vor Augen und Ihren gesamten Körper auf dieses Bild eingestimmt. Sie haben es geschafft, sich ganz allein – mit Hilfe dieser Übung – Entspannung zu verschaffen, sich in ein aktivierendes Atemmuster zu versetzen und sich wohl fühlen zu können. Inwieweit hat sich der Prüfungsstreß vermindert?

Die fünf Fühlsysteme unseres Körpers

«Die Prüfung ist mir auf den Magen geschlagen.» – «Der Prüfungstermin sitzt mir im Nacken.» – «Die Prüfungsvorbereitungen machen mich ganz fertig.» – Äußerungen streßgeplagter Prüfungskandidaten, deren Körper Signale aussenden, die selbst über die Sprache wahrnehmbar sind. Was können wir tun, um unserem Körper aus dieser Klemme zu helfen? Wie können wir ihm Entspannung verschaffen?

Um dies zu erreichen, müssen wir wissen, daß unser Körper fünf verschiedene «Fühlsysteme» besitzt, die wir nacheinander oder gezielt entstressen können.

Die fünf Fühlsysteme unseres Körpers

Die Haut

Die Muskeln

Das Gleichgewichtssystem im Innenohr

Der Solarplexus

Das Rückgrat

Entstressen der Haut

Klopfen Sie Ihren ganzen Körper von oben bis unten sorgfältig ab. Lassen Sie sich, wenn möglich, am Rücken abklopfen. Streicheln Sie Ihren Körper, massieren Sie ihn. Die Haut ist die Grenzlinie unseres Körpers, die die eigene Person von den Mitmenschen und von der Umwelt trennt. Dadurch, daß wir uns durch intensive Hautgefühle wieder auf uns selbst besinnen, schaffen wir es, uns auch von anderen abzugrenzen, unsere eigene Grenze zu setzen.

Entstressen der Muskeln
Strecken und dehnen Sie Ihre Muskeln von den Fußspitzen bis zum Scheitel. Spannen Sie die Hautmuskeln an den Beinen, am Unterkörper, am Oberkörper, im Kiefer und in den Schultern kurz an und lassen sie dann wieder los. Wiederholen Sie diese Übung so lange, bis Sie eine deutliche Erleichterung spüren.

Entstressen des Gleichgewichtssystems im Innenohr
Verschränken Sie Ihre Arme hinter dem Kopf und ziehen Sie Ihren Hals an den geschlossenen Handflächen so weit nach oben, wie es geht. Führen Sie jetzt Ihr Kinn mit den Händen von einer Seite zur anderen, sehr langsam und sanft. Bei der Entstressung des Innenohrs geht es um die Neuorientierung, die positive, lustvolle Einstellung zu Neuem, das keinen Streß mehr machen soll.

Entstressen des Rückgrats
Stellen oder setzen Sie sich aufrecht hin. Strecken und lockern Sie Ihr Rückgrat abwechselnd, um Ihr Gehirn besser mit Sauerstoff zu versorgen.

Entstressen des Solarplexus

Streichen Sie in kreisenden Bewegungen über Ihre Bauchgegend, um so Ihre Intuition und Ihre Kreativität zu aktivieren.

Wiederholen Sie diese fünf Übungen so lange, bis Sie sich insgesamt besser fühlen, weil die Streßhormone abgebaut werden.

Innere Glaubenssätze
entwerfen

 «Also, das mit dem Atmen und dem Wassertrinken habe ich ausprobiert, ich fühle mich auch besser. Doch das allein hilft mir nicht!» Markus weiß, daß ihm die einfachen körperbezogenen Techniken nicht ausreichen, weil er einfach nicht daran glaubt, überhaupt etwas ändern zu können. Ihm fehlt – wie vielen Menschen – die Überzeugung. Glaube an Veränderung und das Vertrauen, daß eine Prüfung mit Spaß überhaupt möglich ist, sind eine wichtige Sache.

Glaubenssätze sind sozusagen die Abkürzung für einen längeren inneren Vorgang, mit dem wir Filme aufrufen, die uns anspornen oder blockieren und somit starke Wirkung auf unsere Leistungsfähigkeit haben. Hinter intensiv empfundenem Prüfungsstreß stehen solche deprimierenden, blockierenden Glaubenssätze wie

«Ich schaff's ja doch nicht»,

«Der Dozent ist eben gegen mich»,

«Mir geht alles schief»,

«Das ist nicht mein Fach, da komme ich nie auf einen grünen Zweig».

Markus glaubte: «Ohne Schweiß und ohne Streß ist

Erfolg nicht möglich!» Das heißt, für Markus wird sich kein Erfolgserlebnis einstellen, ohne daß er zuvor massiven Streß durchlitten hat. Er konnte die Ansicht, daß Körper und Gehirn unter positivem Streß besonders gute Leistungen hervorbringen, als sinnvoll einstufen, für gut befinden. Er konnte jedes Wort hören, doch nicht glauben, weil sein Streßfilm von einer inneren Stimme begleitet war, die genau das Gegenteil sagte. An Markus' Beispiel wollen wir einmal durchspielen, wie man einen solchen negativ-beschränkenden Glaubenssatz verändern kann. Hier gibt es eine spezielle Fragetechnik, die geeignet ist, verbale Streßsätze aufzulösen.

Versuchen auch Sie sich intensiv mit den folgenden vier Fragen zu beschäftigen. Rufen Sie für jeden Schritt die inneren Filme auf, die Ihnen dazu spontan einfallen.

Was wird passieren, wenn Sie sich von der Prüfungs- **Frage I**
angst befreien? Was tun Sie dann zur Vorbereitung?
Markus stellt sich die nächste Prüfung vor, spürt den Streß sehr intensiv, besonders an der flacher werdenden Atmung: «Ich sehe mich in der Squash-Halle, lange in der Sauna und später an der Bar. Und das Tag für Tag! Ohne den elenden Prüfungsstreß würde ich nie anfangen zu arbeiten, sondern mich nur vergnügen. Nur durch den Streß schaffe ich es, die Kurve zu kriegen und mich an den Schreibtisch zu setzen. Es ist wohl gut, daß ich diesen Prüfungsstreß habe, sonst würde ich anscheinend im Nichtstun versinken!»

Frage 2 *Was wird passieren, wenn Sie sich nicht von dieser Angst befreien?*

Die Antwort ist für Markus klar: «Nichts. Es geht weiter wie bisher, ich bestehe meine Prüfungen weiterhin gut, und wenn ich nur das Wort Prüfung höre, ängstige ich mich und habe Streß.» Er lacht. Doch weil ihm mittlerweile klar ist, daß das der Preis für den Erfolg ist, nimmt er den Streß lieber in Kauf. Denn Erfolg ist Markus wichtig, darauf will er gewiß nicht verzichten. Der Glaubenssatz «Streß und Erfolg gehören zusammen» wird bei dieser Haltung deutlich. Also äußert sich Markus versöhnlich über Streß, weil er erkannt hat, daß der Streß auch eine positive Funktion in seinem Leben ausfüllt.

Frage 3 *Was wird nicht passieren, wenn Sie sich von der Prüfungsangst befreien?*

Markus stutzt bei dieser Frage und lacht dann lauthals. «Ich befreie mich von der Angst, aber ich setze mich nicht hin zum Üben!» Kein Streß, keine Vorbereitung, die feste Koppelung kommt durch diese Frage noch einmal deutlich zum Vorschein!

Frage 4 *Was wird nicht passieren, wenn Sie sich nicht von dieser Angst befreien?*

Markus äußert nach einigem Nachdenken: «Na, dann werde ich es nie erleben, wie ich mich in positiver Anspannung vorbereite und gelassen in die Prüfung gehe!» Markus hat begriffen, daß eine solche Wandlung nur durch die Veränderung seiner alten Angewohnheiten erfolgen kann.

Wie erfolgreich auch immer Markus Prüfungen ablegt, die Beschäftigung mit diesen Fragen ist hilfreich. Lassen Sie sich auf die geistigen Filme, die in Ihnen jeweils hochkommen, ein, tauchen Sie voll ein. Automatisch beginnen Sie sich mit dem Streß zu versöhnen, denn so kommen Sie dem versteckten Gewinn des Prüfungsstresses auf die Spur. Gehen Sie nun noch einen Schritt weiter und entdecken Sie, welche Wünsche Sie mit dem Prüfungsstreß wecken.

Was hat Sie bisher davon abgehalten, sich ohne Streß, **Frage 5**
d. h. mit Spaß auf Prüfungen, vorzubereiten?
Die Antwort weiß Markus sofort: «So habe ich das mein ganzes Leben getan. Mein Vater hat mir das irgendwie beigebracht. Meine Geschwister haben sich auch so auf Prüfungen vorbereitet.»

Prompt hört er förmlich die Stimme seines Vaters, die ihn mahnt: «Setz dich hin und lern für die Schule, sonst bleibst du sitzen.» Die Eltern befürchteten, ihr Sohn Markus könnte in der Schule nicht erfolgreich sein. Sie handelten nach der Devise: «Wenn ich als Vater dem Sohn einheize, wird er sich schon hinsetzen, und dann ist der Erfolg sicher!» Dieser elterliche Glaube hat sich auf Markus übertragen. Die Aufforderung, sich vorzubereiten, empfand Markus damals schon als großen Streß. Besonders hart war für ihn, daß er nichts zu essen bekam und nicht eher vom Schreibtisch aufstehen durfte, bis er ein bestimmtes Übungspensum absolviert hatte.

Schließlich verinnerlichte Markus diese Art des Außenstresses und manövrierte so von Prüfung zu Prüfung. Das ist ein Muster, das viele Menschen unbewußt in ihrer Jugend erlernt haben.

Frage 6 *Wie würde sich Ihr Leben verbessern, wenn Sie streßfrei in eine Prüfung gehen könnten und trotzdem Erfolg hätten?*

Markus: «Da ich schon praktisch zwei bis drei Monate vor Prüfungsbeginn anfange, mich intensiv vorzubereiten, entgeht mir eigentlich der Spaß an der Uni. Da ich viele Prüfungen schaffen möchte, um in der Mindestzeit meine Studienzeit zu absolvieren, habe ich kaum Freunde, denn ich gehe wenig aus. Also, wenn das dabei herauskommt, mein Leben würde soviel lustiger und amüsanter. Ich könnte viel häufiger Squash spielen, auch mehr ausgehen, und ich bin schon über ein Jahr hier in diesem Ort und kenne praktisch nur die Mensa, meinen Schreibtisch, die Vorlesungssäle, die Bibliothek, den Computerraum und den Bahnhof. Das wird sich ändern, ich werde die Stadt entdecken und mich intensiver meinem Hobby widmen.»

Noch eins: Wenn Sie zu den vielen Menschen gehören, die manchmal daran verzweifeln, daß sie immer nur das tun, was ihnen Bezugspersonen und Erzieher mitgaben, können Sie sich davon mit den hier vorgestellten Techniken befreien und so neue Glaubenssätze entwerfen. Sie können Ihre blockierenden Glaubenssätze selbst verändern und neue positive entwickeln.

Veralbern Sie Ihre negativen Glaubenssätze

Das ist eine sehr relaxte Form, die inneren Glaubenssätze zu verändern. Jedes Wort löst ein bestimmtes Gefühl im Körper aus. Wenn man die Worte, die Bestandteile der stressigen Glaubenssätze sind, veralbert und verballhornt, können sich die Streßgefühle verändern. Es ist ganz einfach – horchen Sie in sich auf Ihre persönlichen negativen Glaubenssätze. Dann folgen Sie unserem Beispiel und sprechen laut vor sich hin: Was hören Sie?

Der blockierende Glaubenssatz wird Wort für Wort verballhornt. Der Glaubenssatz von Markus hieß etwa: «Ohne Streß kein Erfolg». Rufen Sie sich einen vergleichbaren Glaubenssatz in Erinnerung, der Ihre Blockade auf den Punkt bringt. Spielen Sie mit den Wortendungen: z. B. Stressissimus, Stressomanimus, Stresserisieren, Stresserlich oder Erfolgeritis, Erfolgerisiert, Erfolgerationalisiert.

Formen Sie jetzt laut den ganzen Satz in alberne Varianten um:

- Ohnerich Stressismus keinerlei Erfolgeritis
- Ohneritis keineritis Erfolgeritis Stresseritis
- Ohnix Stressix keinix Erfolgnix
- Ohnanie Stressase keinose Erfolgose
- Ohnerowitsch Stressnikowski keinowjew Erfolgejewitsch.

Ihrer Phantasie sind keine Grenzen gesetzt. Verändern Sie Ihren negativen Glaubenssatz so lange, bis

Sie ihn gar nicht mehr wiedererkennen. Das hat eine enorm neutralisierende Wirkung.

Das Hauptproblem vieler Prüflinge ist Angst. Lassen Sie sich einmal die Frage stellen: «Was passiert, wenn Sie ausangsterisiert haben?» Waren Sie jetzt verdutzt, oder begreifen Sie langsam, daß die Angst auch ein Ende haben kann?

Positiv verstärkende Glaubenssätze

Nun geht es darum, positiv verstärkende Glaubenssätze zu formulieren und an die Stelle der alten zu setzen. Markus formuliert für sich den neuen Satz: «Ich gebe mir die Chance, mich mit neuen Methoden auf eine streßfreie und erfolgreiche Prüfung vorzubereiten.» Wie lautet Ihr positiver Glaubenssatz? Das Gehirn muß diesen Satz in einem sinnesspezifischen Speichersystem unterbringen. Deshalb ist es wichtig, diesen positiven Satz in verschiedenen Tonlagen, in verschiedenen Rhythmen, mit verschiedenen Melodien, mit verschiedener Betonung zu sagen und gleichzeitig die Iris der Augen so zu bewegen, daß alle Sinnessysteme diese neue Botschaft speichern können. Tun Sie das, auch wenn Sie sich dabei etwas lächerlich vorkommen. Machen Sie anschließend die Augenübung von Seite 55. Sprechen Sie bei jeder Augenbewegung Ihren persönlichen neuen Glaubenssatz laut vor sich hin. Wiederholen Sie das oft. Prüfen Sie, ob Sie diesen wirklich glauben.

Nachdem Sie das getan haben, atmen Sie noch mal tief durch. Bitte sprechen Sie jetzt den alten negativen Glaubenssatz noch mal. Das klappt nicht? Gut so, wahrscheinlich müssen Sie lange überlegen, um ihn überhaupt zu finden. Der Satz ist möglicherweise nicht mehr vollständig, das innere Tonband zerstört.

Auf Erfolg programmiert

Die Codewort-Übung

Auch wenn Sie sich nicht vorstellen können, jemals ohne Streß eine Prüfung zu absolvieren, und auch nie in Ihrem Leben anders gehandelt haben, ist das für das Gehirn nicht entscheidend. Bei der Codewort-Übung machen wir uns eine besondere Fähigkeit des Gehirns zunutze: Wenn wir jemals etwas wunschgemäß und erfolgreich getan haben, dann können wir diese Fähigkeit auf andere Tätigkeiten übertragen. So, wie der Körper Muster von Streß und Freude speichert, so verfügt er auch über Kompetenzprogramme, die als geistige Filme in allen Sinnesarten gespeichert sind. Wir können diese Gehirnfilme von einem Lebensbereich auf den anderen übertragen.

Mit NLP können Sie dieses Wissen gezielt einsetzen. Hätten wir etwa Markus gefragt, ob er schon einmal ein Essen gekocht hat, so hätten wir damit einen besonderen Gehirnfilm aufgerufen. Da er in seiner Studentenwohnung selber kochte, würde er die Frage gewiß bejahen, doch gefragt danach, ob ihm die Essensvorbereitung Streß bereitet, würde er erstaunt sein und darauf beharren: «Das läßt sich doch nicht mit meinem Prüfungsstreß vergleichen!» Recht hat er, bezogen auf den Inhalt, doch nicht im Hinblick auf die Form, die für unser Denken entscheidend ist. Inhalte können variieren, und das ist unsere große Chance.

Sie erinnern sich also jetzt an eine beliebige Situation, in der Sie kompetent waren, in der Sie sich etwas vornahmen und es auch bewältigten und dabei Gefühle der Freude, Erfolgserlebnisse hatten und sehr motiviert waren.

Stellen Sie sich eine Zeit vor, als Sie irgend etwas sehr gut gemacht haben. Ihnen gelang etwas mühelos. Sie hatten ein Ziel und haben es so erreicht, wie Sie sich das vorgestellt hatten. Markus beispielsweise dachte an seinen Sport! «Schon beim erstenmal merkte ich: Das ist mein Sport. Jede freie Minute ging ich zum Squashen. Vor dem ersten Hallenturnier habe ich sogar noch häufiger als üblich trainiert! Ich war richtig gut drauf! Im Turnier habe ich zwar nicht den ersten Platz belegt. Da kamen Profis, die schon Jahre auf dem Buckel hatten, aber unter den Newcomern war ich wirklich der Beste!»

Machen Sie sich die Bilder bewußt, die mit dem damaligen Erfolgserlebnis verbunden sind. Wie sehen die Bilder aus, welche Farben sehen Sie? Sind die Bilder groß, sind sie beweglich, sind es Filme?

Gehen Sie behutsam vor und sehen Sie Ihre Erinnerungsbilder so an, als ob Sie noch mal dieses Erlebnis hätten.

Erinnern Sie sich daran, welche Töne zu hören waren, wie Sie und wie die anderen sprachen.

Welche Gefühle hatten Sie an der Haut, in den Muskeln, im inneren Ohr, am Rückgrat, am Solarplexus? Gehen Sie die fünf Fühlsysteme der Reihe nach durch. Markus hörte z. B. die Squashschläge und das Quietschen seiner Gummischuhe, sah das Parkett und die Ballabdrücke an der weißen Wand und fühlte eine Wärme in der Magengegend.

Stellen Sie sich einen Kreis auf dem Boden vor, und machen Sie den Kreis farbig. Jetzt holen Sie tief Luft und steigen in den Kreis hinein, während Sie dieses Erfolgserlebnis noch mal innerlich erleben.

Während Sie im Kreis stehen, intensivieren Sie die Erinnerung an das außergewöhnliche Ereignis.

Jetzt finden Sie ein Codewort, das für Sie einen positiven Glauben ausdrückt, wie z. B.: «Ich kann's», «Mir gelingt es», «Das macht Spaß!», «Ich bin gut».

Markus wählte «Jetzt geht's los!». Dabei ballte er die Faust und bewegte sich etwas nach rechts. Er konnte sich den Kreis noch klarer vorstellen und hatte das Erfolgserlebnis vom Squashspiel noch innerlich präsent. Bitte wiederholen Sie diese Schritte zweimal, so daß sich die Kombination von Erlebnis, Codewort und Farbenkreis verdichtet. Auf diese Weise programmieren Sie ein Erfolgserlebnis als geistigen Film, den Sie nutzen können.

Sie können die Übung ausbauen, indem Sie sie für ein

Zukunftsbeispiel durchspielen. Wann wollen Sie das nächste Mal so erfolgreich sein? Auf welchem Gebiet? In welcher Situation?

Jetzt nehmen Sie dieses Ereignis mit in den farbigen Kreis und sagen Ihr Codewort.

Wie funktioniert es bei Ihnen? Das Erfolgserlebnis tritt um so schneller ein, je mehr Sie sich wirklich in diese Übung hineinbegeben. Lassen Sie sich wirklich in Ihr positiv erinnertes Erfolgserlebnis fallen. Kosten Sie es aus und stellen Sie sich auch das neue Erlebnis, bei dem Sie künftig Erfolg haben möchten, innerlich konkret mit allen Details vor. Erleben Sie es nach, so als ob alles jetzt, in diesem Augenblick, passierte.

Warum das Ganze funktioniert? Im Zustand der Exzellenz aktivieren wir im Gehirn Muster, die durch außergewöhnliche Leistungen angelegt wurden. Wenn diese inneren Filme einmal aktiviert sind, ermöglichen sie den Zugang zu anderen Informationen, zu früheren Mustern, die bewußt nicht verfügbar sind.

Einmal gut, immer gut! Wenn jemand in einem Bereich seines Lebens etwas Herausragendes geleistet hat, kann er mit dieser Methode, die im NLP Ankern genannt wird, das erfolgreiche Muster auf andere Bereiche übertragen, in denen ihm ähnliche Erfolge noch nicht vergönnt waren. Im Hinblick auf Prüfungserfolge gilt: Es ist noch nicht nötig, sich an eine bereits gelungene Prüfung zu erinnern. Sie können an ein beliebiges Erfolgserlebnis denken, wo Sie etwas völlig richtig gemacht haben und Erfolg hatten!

Die Codewort-Übung

CODEWORT

Setzen Sie Ihren Erfolgsdruckknopf

Eine weitere, die Codewort-Übung verstärkende
Möglichkeit besteht darin, einen Erfolgsdruckknopf
zu setzen. Dazu suchen wir uns eine neutrale Stelle am
Körper, die wir jederzeit wiederfinden können, wie
z. B. den Knöchel an der Hand oder einen Finger-
nagel, den wir mit dem Daumen derselben Hand
erreichen können. Vermeiden Sie es, sich am Ohr-
läppchen zu zupfen, die Fingerspitzen aneinanderzu-
reiben – diese Stellen sind schon mit anderen Pro-
grammen im Gehirn verknüpft.

Wichtig ist, daß Sie an die Stelle an Ihrem Körper un-
auffällig herankommen können und dieser Punkt
noch relativ neutral auf Berührung reagiert. Haben
Sie eine solche Stelle ausgemacht, so erinnern Sie sich
an die Erfolgssituation, in der Sie in Ihrer Bestform
waren, voll Humor, spielerisch, aber auch zielstrebig.
Erleben Sie die Situation auf dem Höhepunkt Ihrer
Form noch einmal wieder, und versetzen Sie sich mit
allen Sinnen zurück. Gehen Sie mitten hinein und
spüren Sie noch mal, wie Sie gestanden oder gesessen
haben, wie Sie geatmet haben, wie Sie sich bewegt haben, wie Sie geschaut haben. Das Bild der Umwelt
von damals taucht immer klarer vor Ihrem inneren
geistigen Auge auf und bereitet Ihnen genau die Er-
folgsgefühle von damals. Spüren Sie diesen Gefühlen
nach, in allen Fühlsystemen, bis Sie meinen, es passiert gerade noch einmal. Hören Sie die Geräusche

und Töne von damals und genießen Sie das Erlebnis so intensiv wie möglich.

Während Sie das tun, berühren Sie die Körperstelle, die Sie als Ihren Druckknopf zum Erfolg auserkoren haben. Je intensiver und je stärker Sie die Situation wiederspüren, desto stärker drücken Sie bitte Ihre Ankerstelle.

Lösen Sie die Berührung und lassen Sie diese Erinnerung wieder abklingen. Kommen Sie zurück in die Hier-und-jetzt-Situation und ruhen sich einen Augenblick aus. Danach testen Sie Ihren Erfolgsknopf: Nach einer Weile berühren Sie den Druckknopf noch einmal.

Vielleicht stellt sich nicht mehr das ganz intensive Gefühl des verankerten Erfolgserlebnisses ein. Doch wenn überhaupt ein etwas ähnliches Hochgefühl wie damals hervorgerufen wird, merken Sie, daß diese Methode bereits funktioniert. Wenn nicht, dann wiederholen Sie bitte die Schritte, mit denen Sie das Erfolgserlebnis wiedererleben, noch einmal. Es kommt darauf an, diesen Druckknopf mit ähnlichen positiven Erfolgserlebnissen zu stärken.

Wenn Sie zukünftig in eine Situation kommen, in der Sie nicht von vornherein motiviert sind, dann benutzen Sie diesen Druckknopf. So können Sie Ihre besten Fähigkeiten situativ aktivieren, das Gehirn weiß «auf Knopfdruck» Bescheid.

Der Erfolgsdruckknopf

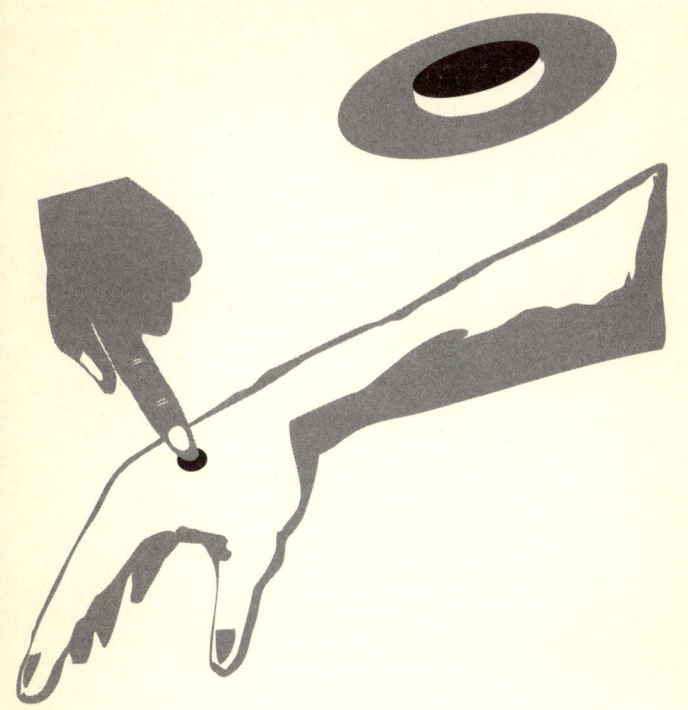

Motivierende, attraktive Ziele planen

Nur die Menschen, die felsenfest an ihre Ziele glauben und ein klares und deutliches Zielbild vor Augen haben, können gute bis überdurchschnittliche Leistungen erbringen. Das beobachten wir an Spitzensportlern oder an Menschen, die sich gezielt Extremsituationen und außergewöhnlichen Belastungen aussetzen, um die eigene Leistungsfähigkeit unter Beweis zu stellen.

Es ist notwendig, das Ziel, das Sie persönlich verfolgen, so klar und konkret wie möglich zu bestimmen. Gar nicht so leicht, wird nun mancher Leser denken. Oft bleiben unsere Zielbilder im Nebulösen, ohne klare Konturen. Nun sollten Sie versuchen, Ihr persönliches Ziel in deutliche Konturen zu bringen.

Hilfreich ist dabei der Gedanke, daß sich ein Ziel in Form eines Dreiecks darstellen läßt. Sie möchten von heute an (Istzustand) nach Ablauf einer bestimmten Zeit eine bestimmte Prüfung mit einem bestimmten Ergebnis (Note, Bewertung) abschließen. Prüfungen und ähnliche Situationen sind häufig entscheidende Eckpunkte auf unserem Lebensweg. Machen Sie sich klar, daß die Vorbereitung auf eine Prüfung nicht erst kurz vor dem Termin beginnt, sondern beim ersten Schritt, etwa dann, wenn Sie sich für eine Ausbildung oder eine Anstellung entscheiden.

Überprüfen Sie, wie verschiedene innere Zielbilder auf Sie wirken und was für Sie am motivierendsten

Zielplanung

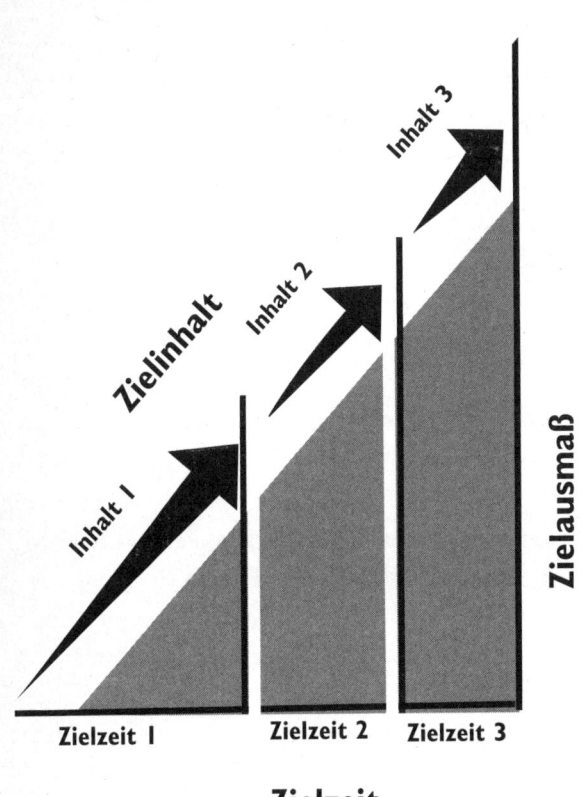

ist. Dadurch können Sie Ihre individuellen Zielbilder leichter beschreiben.

Denken Sie an eine Prüfungssituation, in der Sie sehr unsicher waren. Rufen Sie innerlich alle möglichen Ergebnisse mit verschiedenen Bildern und Worten/Tönen auf. Wie fühlten Sie sich, wenn Sie die verschiedenen Zielalternativen betrachten? In der Regel ist es so, daß viele Einzelbilder am Ende zu einer nebulösen Vorstellung zusammenwachsen, die schlechte und bedrückende Gefühle auslöst.

Reduzieren Sie die vielen Alternativen auf eine einzige. Benennen Sie für sich zwei mögliche Ausgänge, die in Konkurrenz zueinander stehen. Visualisieren Sie, wie Sie die bevorstehende Prüfung außerordentlich gut bestehen, fröhlich in die Situation hineingehen. Sie beherrschen den Stoff und können Ihr Wissen souverän demonstrieren. Ebenso deutlich rufen Sie dann innerlich das Kontrastprogramm auf: Sie sind schlecht vorbereitet, kommen fast zu spät, konnten nicht mehr frühstücken, am neuen Hemd oder der Bluse fehlt ein Knopf! Machen Sie sich auch dieses Bild ebenso deutlich und klar wie das Erfolgsbild.

Sie befinden sich in einem Konflikt, und Ihre Kraft wird halbiert. Wenn Sie sich dagegen für eine Alternative entscheiden, auf die Sie unbeirrbar zusteuern, und wenn Sie das Zielbild solange es geht mit Freude und Begeisterung ansehen können, dann wächst Ihre Chance, das eine Ziel auch zu erreichen. Es gilt, die Kräfte zu konzentrieren.

Sie werden im nächsten Schritt der Regisseur Ihres inneren Filmes. Machen Sie Ihren Prüfungsfilm leuchtender und noch attraktiver. Ergänzen Sie Farben, lassen Sie Personen ins Bild laufen, führen Sie wunderbare Begegnungen mit Ihrem Traumpartner auf, der Sie nach bestandener Prüfung abholt, den Champagner bereits in der Hand. Prüfen Sie nach jeder Veränderung, ob Sie dieses Ziel noch attraktiver empfinden. Je besser es Ihnen gelingt, sich auf ein Zielbild zu konzentrieren und es deutlich und anziehend vor Ihrem inneren Auge auszugestalten, um so eher werden sich Ihre unbewußten Fähigkeiten danach ausrichten.

Dieses innere Bild strahlenden Erfolgs wirkt wie ein Magnet und wird Ihre Aufmerksamkeit voll in Anspruch nehmen, so daß Sie gar keine Lust haben, weitere Zielmöglichkeiten wahrzunehmen und vom Zielweg abzukommen. An einem solchen motivierenden Zielbild kann man in Zeiten des Zweifels festhalten.

Die Erfolgssimulation

Eine überaus gute Möglichkeit der Zielplanung ist die Idee, sich in die Zukunft hineinzuversetzen und so zu tun, als hätte die Prüfung schon stattgefunden. Versuchen Sie sich den Tag danach vorzustellen, den Tag nach der Prüfung, die so verlaufen ist wie gewünscht. Es ist erfahrungsgemäß leichter, sich in den Tag danach als in den Prüfungstag selbst hineinzuversetzen. Versuchen Sie die folgende Frage zu beantworten: «Wie und woran merken Sie nach einer Prüfung, daß alles gut gelaufen ist?» Wir spielen eine mögliche Antwort am Fall von Markus durch. Denken Sie daran, daß Sie hier, wie an vielen anderen Stellen in diesem Buch schon erwähnt, Ihre persönlichen Vorstellungen, Bilder und Gefühle sinnlich und sehr plastisch ausmalen sollten.

Markus empfindet ein körperliches Gefühl der Entspannung: «Gut ist die Klausur gelaufen, wenn ich 10 Minuten vor der Zeit fertig bin und die Antworten noch mal überlesen kann. Ich sehe, wie ich zentriert sitze und konzentriert die Arbeit nochmals durchgehe.» Was gibt Markus Sicherheit zu der Annahme, daß er noch genügend Zeit hat für diesen erneuten Durchgang? Innerlich geht er noch einen kleinen zeitlichen Schritt zurück. Er empfindet nach, in Bildern und in Worten, was da abgelaufen ist: er teilt Zeit ein, richtet sein Augenmerk konzentriert zuerst auf die Aufgaben mit den hohen Punkten, erledigt dann die Fragen, die ihm besonders leichtfallen, um schneller fertig zu werden. Er bemerkt, daß er einen Organisationsplan angewendet hat.

Nun springen wir wieder zeitlich zurück zum Beginn der Klausur: Mit dem Bild des sicheren Bestehens, das man innerlich gespeichert hat, tritt man zuversichtlich in eine Prüfung. Markus formuliert eine Vision: «Ich bin ausgeschlafen, habe gefrühstückt und mich in Ruhe angezogen. Meine Spickzettel liegen parat in der Tasche. Ich bin sicher, die Prüfung gut zu bestehen.» Je häufiger Sie den Ablauf einer Prüfung innerlich simulieren und dabei Bilder aufrufen, die zeitlich nach dem erfolgreichen Abschluß liegen, desto genauer und konkreter wird Ihre Wahrnehmung. Gehen Sie als erfolgreicher Absolvent «rückwärts» durch die Prüfung! Wie sehen die inneren Bilder aus, die in Ihnen hochkommen? Achten Sie auf Details. Markus aus unserem Beispiel stellt fest, daß es ihm weiterhilft, zwischendurch kleine Pausen einzulegen. Während der Klausur macht er entspannende Augenübungen, so etwas geht mit etwas Übung ganz nebenbei. Aufgaben, deren Lösungen ihm nicht sofort einfallen, will er nicht innerlich vergrößern, so würde er nur seine Angst verstärken. Der erfolgreiche Markus lenkt vielmehr sein Hauptaugenmerk auf die Fragen, die er souverän beherrscht. Er achtet zugleich darauf, genügend Zeit für die Beantwortung der schwierigen Dinge einzuplanen. Beschäftigen auch Sie sich mit Ihrem Zielfilm, damit Sie detaillierter wahrnehmen, wie sich eine Prüfung durch gute Selbstorganisation bewältigen läßt.

Sie können in ähnlicher Form natürlich nicht nur die Prüfungssituation selbst, sondern auch die Vorbereitungsphase aus der zeitlichen Perspektive des Danach simulieren.

Sie erinnern sich vielleicht noch daran, daß für Markus aus unserem Beispiel Streß und Erfolg sehr eng gekoppelt sind – ein Gefühl, das fraglos viele Menschen mit ihm teilen. Gerade in solchen Fällen ist es sinnvoll, die Erfolgssimulation auch für die Vorbereitungsphase durchzuspielen. Entwickeln Sie ein für Sie persönlich gutes Zielbild für jeden einzelnen Tag der Zeit vor der Prüfung.

Manchmal ist es so, daß sich jemand gar nicht erinnern kann, jemals eine Prüfung zur eigenen Zufriedenheit bestanden zu haben. Dann stellen Sie sich jemanden vor, den Sie als Vorbild oder als Modell erachten. Wie würde sich diese erfolgreiche Person in der Prüfung verhalten, die Sie selber bestehen wollen? Auf diese Frage werden Ihnen gewiß Antworten einfallen. Daran ist zu sehen: Unzufriedenheit mit dem eigenen Prüfungsverhalten entsteht, weil Sie im Grunde innerlich wissen, wie's geht.

In neun Schritten zum Erfolg

Der Angestellten Britta fuhr der Schreck in die Glieder, als ihr eines Morgens ihr Vorgesetzter eröffnete, daß er sie für die Nachwuchsförderung vorschlägt. «Sie erhalten bald eine Einladung zum Förderseminar, in dem man Sie auf Herz und Nieren prüft, um festzustellen, für welche Laufbahn Sie besondere Fähigkeiten besitzen.» Strahlend guckte er sie an: «Sie machen Karriere, und dafür setze ich mich ein!»

Zielplanung in Einzelschritten

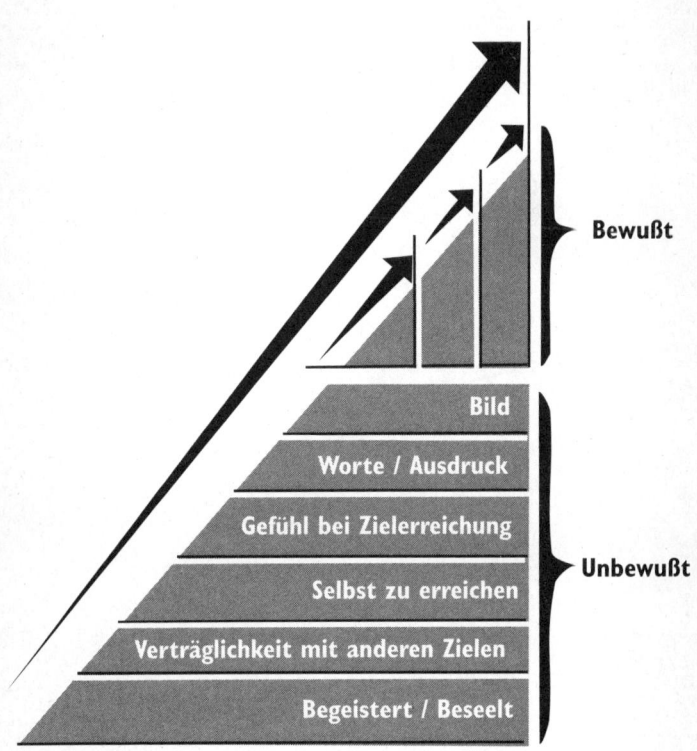

Bewußt

Bild

Worte / Ausdruck

Gefühl bei Zielerreichung

Selbst zu erreichen

Verträglichkeit mit anderen Zielen

Begeistert / Beseelt

Unbewußt

Sämtliche Punkte gelten für alle Teilziele

Britta konnte sich ein halbes Lächeln und ein leises Dankeschön gerade noch abringen. Einerseits freute sie sich, daß ihr Chef sich so für sie einsetzte, andererseits hatte sie wahre Schauergeschichten über die Förderseminare gehört. Wenn man durchfiel, wurde man im Kollegenkreis fast wie eine Aussätzige behandelt. So war es jedenfalls jüngst einer ihrer Kolleginnen ergangen, die daraufhin nach kurzer Zeit gekündigt hatte. Die abschätzigen Bemerkungen à la «War wohl doch zu schwer?» wollte Britta sich ersparen. Viele Tage quälte sie die Vorstellung, zum Gespött der Firma zu werden. Sie hatte zwar ihre Kaufmannsprüfung mit «Sehr gut» bestanden, aber außerordentlich unter Prüfungsangst gelitten.

Lehrlinge, so hatte man ihr gleich zu Beginn ihrer Ausbildung eröffnet, die durch die Prüfung fallen, könnten sie zwar wiederholen, würden aber nicht fest angestellt. Dieses innere Schreckensbild hatte sie damals dazu getrieben, in jeder freien Minute zu lernen. Der Streß raubte ihr den Schlaf und machte sie immer nervöser.

Damals hatte sie sich geschworen: Nie wieder! Am liebsten hätte sie sich jetzt vor dem Förderprogramm gedrückt. Ihr Chef würde ihr das aber bestimmt übelnehmen. Sie saß in der Falle! Britta sah nur zwei gleichermaßen unangenehme Möglichkeiten in dieser Situation, die sie sich vor ihrem inneren Auge als regelrechte Horrorbilder ausmalte. Entweder würde sie durchfallen und von ihren Kollegen verspottet werden oder nicht am Förderprogramm teilnehmen und ihren Chef verärgern. An diesem Beispiel wollen wir Ihnen einen konkreten Fragenkatalog vorstellen, um zu einer attraktiven und einsetzbaren Zielvorstellung zu gelangen.

Welches Prüfungsziel hat Britta? **Frage 1**

Bei dieser Frage kommt ihr ganzer Kummer hoch: «Ich möchte weder durchfallen noch absagen, und vor allen Dingen möchte ich mich nicht blamieren.»

Die Struktur unseres Gehirns spielt uns bei von Verneinungen beherrschten Gedanken einen Streich. Stellen Sie sich bitte nicht den Eiffelturm vor! Was sehen Sie vor sich? Natürlich den Eiffelturm. Innerlich muß man ihn einmal sehen, um ihn dann nicht mehr zu sehen!

Versuchen Sie alle «Nicht»-Ziele positiv auszudrücken. Durchforschen Sie die innere Erlebnisgalerie nach Momenten, in denen Sie schon einmal eine Anforderung wie z. B. eine Prüfung gern erfüllt haben. Britta erinnert sich an ihre Laienspielgruppe und einen erfolgreichen Bühnenauftritt. Mit diesem Erinnerungsbild stand der erste Zielschritt fest: «Ich möchte gelockert und in guter Stimmung dieses Förderseminar durchlaufen, sehr konzentriert die Aufgaben bearbeiten und mein Wissen an der richtigen Stelle einsetzen!»

Welche Qualität soll das Ziel haben? **Frage 2**

Hier geht es um das Ausmaß. Britta will zu den drei besten Absolventen des Förderkurses gehören. Dieses

Ziel will sie ohne Angstzustände erreichen. Positiv ausgedrückt: Sie will sich gezielt vorbereiten und auf die Prüfung freuen.

Frage 3 *Wann wird sie das Ziel erreicht haben?*

Hier geht es um die Zeit. Der Termin des Förderseminars stand fest. Insofern liegt der zeitliche Bezug in Brittas Zielplanung klar.

Frage 4 *Wie sieht das Zielbild aus?*

Welche inneren Bilder sieht Britta, wenn sie ihr Ziel erreicht hat? Einzelheiten des Bildes: Ihr Chef gratuliert, sie sieht sein fröhliches Gesicht, das Bild ist nah, farbig, dreidimensional und zentriert.

Frage 5 *Was hört sie und wie spricht sie mit sich und anderen, wenn sie ihr Ziel erreicht hat?*

Sie hört, wie ihr Chef ihr gratuliert mit melodiöser Stimme: «Toll gemacht!» Brittas eigene Stimme hört sich sehr weich und rhythmisch an.

Frage 6 *Wie fühlt sich die Zielerreichung an?*

Sie fühlt eine Wärme aus der Magengegend nach oben steigen, spürt, daß sie tief atmen kann, und fühlt sich im Schulterbereich leicht. Während Britta ihr inneres Zielbild genau ansieht, deutet sie auf die Körperstellen, an denen sie die positive Ausstrahlung schon jetzt spürt. Allerdings stellt sich auch das unangenehme Bild der spottenden Kollegen wieder ein. Das ist keineswegs ungewöhnlich, von diesen negativen Bildern wieder eingeholt zu werden. Die nächste Frage zielt auf dieses Problem.

Was muß Britta aktiv unternehmen, um ihr Ziel zu **Frage 7**
verwirklichen?
Ihr fällt ein, daß sie weder etwas über die Anforderungen noch über die Gruppe oder die Prüfer weiß. Sie überlegt, welche Informationen nötig sind, um sich in ihrem Zielbild sicher zu fühlen. Worum geht es, welche Gegenstände werden behandelt, wonach wird gefragt? Sie plant jeden Abend eine Stunde ihrer Freizeit für die konkrete Beschäftigung mit dem Förderprogramm ein. Der Versagensfilm wird dadurch immer blasser.

Was will Britta eigentlich in diesem Förderseminar? **Frage 8**
Will sie tatsächlich in die Nachwuchsförderung einsteigen? Wie paßt diese Prüfung in ihren Lebensplan? Hier stellt sich die Frage, ob sie überhaupt Führungskraft werden will. Nach kurzer Zeit ist sie der Meinung: «Warum denn nicht, ich scheine diese Prüfung streßfrei zu schaffen, also auf geht's!»

Diese Fragen, die in unserem Beispiel Britta gelten, lassen sich für alle Prüfungssituationen stellen. Nachdem Sie in allen Punkten Antworten gefunden haben, die auf Ihr persönliches Leben zutreffen, empfehlen wir einen weiteren Durchgang. Versuchen Sie die jeweiligen positiven Gefühle durch genaue Beachtung der inneren Filme und Tonbänder zu verstärken. Stellt sich ein besonders gutes Gefühl ein, können Sie es intensivieren, indem Sie einen Erfolgsdruckknopf setzen (siehe S. 79). Britta hat das Förderprogramm glanzvoll abgeschlossen und ist mittlerweile zufrieden und erfolgreich als Abteilungsleiterin. Markus hat sein Examen mit hervorragenden Noten abgelegt und kraxelt immer weiter nach oben auf der Karriere-leiter. Auch Ihnen, liebe Leser und Leserinnen, alles Gute und viel Erfolg für alle Prüfungen, die Sie in Ihrem Leben noch bestehen wollen!

Tips zum Weiterlesen

Andreas, Connirae; Andreas, Steve: Gewußt wie – Arbeiten mit Submodalitäten und weitere NLP-Interventionen nach Maß. Paderborn 1993.
Für NLP-Interessierte mit Vorerfahrungen ein sehr interessantes und weiterführendes Buch, das anhand zahlreicher Beispiele und Praxisübungen zeigt, wie NLP in den tiefen Ebenen des Erlebens arbeitet.

Bandler, Richard: Veränderungen des subjektiven Erlebens. Fortgeschrittene Methoden des NLP. Paderborn 1989.
Sehr plastische Darstellung unserer inneren geistigen Filmwelt und deren Veränderungsmöglichkeiten.

Metzig, Werner; Schuster, Martin: Lernen zu Lernen. Lernstrategien wirkungsvoll einsetzen. Berlin, Heidelberg, New York 1993.
Anhand wissenschaftlicher Studien nehmen die Autoren eine Bewertung der verschiedenen Lerntechniken vor. Wer bisher nur das Lernen durch Pauken kannte, findet hier viele Anregungen, auch mit NLP-Techniken, um das Lernen und Behalten zu erleichtern.

Michal, Nina: Streß. Anzeichen, Quellen, Symptome, Lösungen. Basel 1991.
Sehr einprägsam wird das Phänomen Streß in seinen positiven und negativen Erscheinungsformen und seinen Behandlungsmöglichkeiten dargestellt.

Mohl, Alexa: Der Zauberlehrling. Das NLP-Lern- und Übungsbuch. Paderborn 1993.

Besser-Siegmund, Cora: Magic Words – Der minutenschnelle Abbau von Blockaden. München 1993.
Streßworte in Zauberworte zu verwandeln und dazu die passenden geistigen Motivationsbilder zu entwickeln, das wird hier für vielfältige Themenbereiche praxisnah ausgeführt.

Cleveland, Bernard: Das Lernen lehren. Erfolgreiche NLP-Unterrichtstechniken. Freiburg im Breisgau 1992.
NLP-Techniken in der Schule und im Studium können, das macht der Autor mit seinen Übungen und Ausführungen deutlich, das Lernen für Prüfungen zum Erlebnis werden lassen. Ein NLP-Handbuch mit den gängigsten NLP-Techniken zur Entstressung und Vorbereitung auf Prüfungen. Um die Übungen wirklich nachvollziehen zu können, sind allerdings einige Erfahrungen im NLP erforderlich.

Ornstein, Robert; Thompson, Richard F.: Unser Gehirn: Das lebendige Labyrinth. Reinbek bei Hamburg 1993.
Eine praktische und klare Einführung in die Grundlagen der Gehirnforschung.

Stokes, Gordon; Whiteside, Daniel: One Brain-Workshop-Buch. Freiburg im Breisgau 1991.
Obwohl sich das Buch hauptsächlich an Legastheniker wendet, erklärt es sehr einleuchtend und klar die Entstehung sogenannter blinder Flecken im Gehirn. Ein sehr wichtiges Buch, um die Hintergründe körperorientierter Entstressungsmethoden, die im NLP angewendet werden, besser zu verstehen.